真実の名古屋論

トンデモ名古屋論を撃つ

呉智英
Kure Tomofusa

ベスト新書
567

まえがき

私は名古屋で生まれた。父方の本籍も母方の本籍も名古屋だし、親類もほとんどが愛知、岐阜など名古屋圏（東海圏、中京圏）に住んでいる。私は小学校から高校まで名古屋の学校に通った。その後東京の大学に進み東京で暮らしていたが、両親が高齢になったので介護のため郷里に帰った。一九九九年のことである。二〇〇六年に父が亡くなり、二〇一六年に母が亡くなった。しかし、私はそのまま名古屋に住んでいる。この間《かん》、仕事の関係で東京と京都には頻繁に往復しているが、その中間にある名古屋に住んでいることは極めて便利である。名古屋は日本第三の都市圏の中核であるから、買い物、病院など生活環境も良く、図書館、美術館など文化環境も整っている。歴史が古いところだから伝統文化も豊かである。それでいて土地に余裕があるため家賃も安い。

こう書くと、私を郷土愛が強い人間だと思う読者がいるかもしれないが、私はあまり郷土愛が強い方ではない。生まれ育ったところだから自然と親しみがあるといった程度の郷土愛はあるが、郷土愛を強調することにはむしろ嫌悪感を覚えるほどである。ただ、客観的に見て、私にとって名古屋に住むことは極めて便利で快適であるということだ。

ところが、まさしく客観的に見て、事実と全く違うでたらめな名古屋論が横行している。名古屋に活力があるとして注目が集まった一九九〇年代に始まり、二〇〇五年の愛知万博の前後に広まった現象である。雑誌で、新聞で、単行本で、テレビやラジオで、歴史的にも民俗学的にも事実に反する名古屋像が語られている。私はこれに対して強い怒りを覚える。郷土愛からではない。知識人としてである。事実と全く違うトンデモ言説を流す評論家や研究者がいる。それがマスコミによって流布され、後で見るように公的出版物にまでそれが掲載される。こうして、事実に反する言説が認知されつつあるのだ。

しかも、名古屋の人たち自身がそうしたトンデモ名古屋像を信じている。地元の新聞、テレビなどマスコミにもそうしたトンデモ名古屋論が出る。ジャーナリストたちでさえ反論や批判をするわけでもなく、何の根拠もない話に納得しているのである。知の怠惰であり、知の堕落ではないか。

こんなバカげた事態を、私は知識人の端くれとして見過ごすことはできない。

私は、ある地方をからかったりジョークのネタにすることを批判しているのではない。私自身そんなことはしばしばするし、日本人は、いや世界中のすべての人々が、ある地方やある民族をジョークのネタにしてきた。むろん、そんなジョークがふさわしくない場面もあるだろう。しかし、そんなジョークが民族や地域の壁を取り払ってお互いに親しみを増すこともある。悪口を言い合いながらげらげら笑える関係が一番健全なのだ。それを一律に禁止する現代のおかしな「良識」の裏側に、学問の装いを凝らしたトンデモ名古屋論を横行させる原因があるように思える。

そうしてみると、トンデモ名古屋論ばやりの背景には、意外に気づかれないが、現代日本の知的頽廃が隠れているのかもしれない。その意味で、名古屋論の虚実を分明にすることは日本の知的現状を検討するきっかけにもなる。

この本は堅苦しく郷土史を論じたものではない。意外な事実を知ることができ、歴史や文化を見る目が鋭くなる本である。通説や俗説を疑うことの楽しさを知る本である。

同時に、トンデモ言説を得意気に論じているバカ者を二度と立ち上がれないまでに叩きのめした知的格闘技の本である。なんとなく通用している俗論を徹底的に批判することが極上の知的エンターテインメントであることを読者に知らしめる本なのである。

第一章　「大阪の食い倒れ」は戦後始まった

「県民性」はどこまで本当か

「名古屋論」の虚実を分明にする前に、まず「県民性」について考えておかなければならない。そもそもこの県民性の論じられ方が相当怪しいからである。

「県民性」は普段よく耳にする言葉である。芸能人のだれそれはどこそこ県出身者だとか、政治家のだれそれはどこそこ県の生まれだとか、そんな話をテレビや新聞で知ると、妙に納得したりする。ああ、だからあの人は明るいんだとか、あの人が冷静なのはそのせいなのかとか、何となく腑に落ちたような気になる。学校の友人、職場の同僚についても同じようなことがある。

このように各県ごとのそこで生まれ育った人の持つ特有の性格や行動様式が県民性である。県民とはいっても、都民や府民や道民のこともあるし、大阪や京都の場合は、府民と市民の区別もつきにくいが、これらをひっくるめて「県民性」と称している。

なるほど、経験的にそんなことがあるような気がする。

気候温暖な地の人はのんびりした性格になり、雪国の人は我慢強い性格になりがちである。個人差はあるだろうが、人間は概して環境に応じた生き方を選ぶからだ。農村地域で自己形成期を送った人が堅実で協調型の性格になることも多いだろう。都会のように消費文化が発達しておらず、地域全体で農作業を相互援助する習慣がある所に生まれ育てば、堅実で協調型の人間になる傾向はある。都会の下町の工場街に生まれ育てば、同じ堅実型でも自分の腕一本に頼る職人のような人間になりがちだろう。そうした大人を見て育つからである。

この程度の県民性なるものは、確かにある。しかし、一道一都二府四十三県すべてにそれぞれ特徴的な県民性なるものが観察できるだろうか。どうもそうは思えない。むしろ反対に、日本人を四十七のタイプに明確に分類できるとは考えにくい。

神奈川県の農村部出身者と静岡県の農村部出身者を較べてみたら、同じく農村部出身者でありながら、性格や行動様式に顕著な違いがあるのだろうか。神奈川県横浜市の出身者と神奈川県足柄上郡の出身者は、同じ神奈川県人だから、よく似た性格や行動様式を持っているのだろうか。そんなことはとても信じがたい。むしろ、県は違っても、農村部出身者同士で、また、都市部出身者同士で、性格や行動様式は似てくるだろう。

さらに、ここ五十年ほどの日本社会の変化は激変と言えるほど大きいことも考慮しなければならない。とりわけ一九六〇年代の高度成長期以後、テレビや交通の発達によって、日本全体が均質化した。

幼時からテレビによって標準語を耳に注ぎ込まれ、方言は急速に消えつつある。物流網の拡大で日本中一様な食材が普及した。そんな現代日本で県民性に大きな意味があるようには思えない。むしろ階級差、階層差による性格・行動様式の違い、社会学で言う「ハビトゥス」への注目の方が重要だろう。ただし、これは本書で扱うテーマではない。

それでも、その地方特有の文化と結びついた県民性はあるような気がするし、納得できるように思われている。しかし、その地方文化や県民性なるものもよく検討してみないと、本当かどうか分からない。

そもそも、人間の性格というものは、身長や体重、収入などと違って数値化しにくい。職業種や住居種なら国勢調査によってほぼ客観的な統計結果も出せるのだが、性格については アンケート調査を行っても主観的な答えしか返ってこない。どうしても印象論や願望論などあいまいなものになりがちである。県民の性格、県民性もそうだろう。

先に雪国の人は我慢強い性格になりがちだと書いた。これは当たっているかもしれない。東京圏の銭湯の経営者のほとんどは、新潟県を中心とする北陸地方出身者およびその子孫である。明治期に人口移動が活発になり、地方から多くの人が上京して新しい仕事に就いた。当然、仕事には向き不向きがある。銭湯は朝早くから夜遅くまで働かなければならないし、家族経営だから協調性が求められる。そうであれば、我慢強い性格の雪国の人が向いていると言えよう。

しかし、こんな反証もある。

橋本昌樹『田原坂』（中央公論社、一九七二、現・中公文庫）という記録文学の名著がある。明治十年（一八七七年）の西南戦争の激戦についての資料を渉猟《しょうりょう》し可能な限り精確に描いたものだ。そこにこんな話が出ている。

西南戦争に際し金沢（石川県）の連隊にも出陣の命が下ったが、その夜、士官たちは酒を酌《く》み交わし議論となった。「概して士官たちは議論好きであった。彼等の議論好きは、年齢や教養に比して低い地位にとどめられていることも一つの理由であったかもしれないし、また雪国の土地柄も影響したかもしれない」

雪国の人は議論好きだというのである。

我々は、議論好きな人と言うと、大阪の下町や土佐の高知の人などをつい思い浮かべる。大阪の下町の喫茶店などでおじちゃんおばちゃん連中があぁだこうだと議論をし、土佐のいごっそう（気骨ある頑固者）が酒を飲みながら天下国家を論じる、という風に。一方、雪国北陸の人は無口木訥で我慢強いと思い、銭湯経営者の例がそれを証明していると考えるのだが、意外や、議論好きだという記録もあるのだ。

多分これは両方とも真実なのだろう。庶民は我慢強く、軍人のエリートになるような人たちは議論好きなのだろう。そして、この両様の県民性はいずれも論拠がはっきりしている。東京圏の銭湯経営者は事実、北陸出身者が多数を占めているし、橋本昌樹『田原坂』の記述の詳細さは類を見ない。要するに情報の質、語り手の見識の問題なのだ。

しかし、世に横行する県民性論議のほとんどが流言蜚語、最近の言葉で言えばフェイクニュースのたぐいである。誰が何の根拠で言い出したか分からないものばかりである。そして、この流言が流言を呼び、フェイクがフェイクを増幅する。

これからそれをいくつか検証してゆく。そうするとそういう流言やフェイクを流す人たちの精神構造、あるいは日本の知的状況まで見えてくるかもしれない。

大阪は何倒れなのか

ある地方の文化やその人たちの性格を評して「〜〜倒れ」と言うことがある。財産を傾けてしまうほど熱中するといった意味である。

これについてはさまざまな地方でさまざまな言い方があるらしい。中でも全国的によく知られたものに「京の着倒れ」がある。京都は千年の都と言われるほど長く日本の中心地であり、成熟した雅《みやび》な文化が続いた。そこに住む人たちの気風も自《おの》ずから典雅なものとなり、服装に金をかける習慣が定着したというわけである。確かに、そうであろう。

では、この「京の着倒れ」に対比されるものは何か。そう問われると、九割以上の人が「大阪の食い倒れ」と答えるだろう。事実、この言葉はよく耳にする。それなら「大阪の食い倒れ」の論拠は何だろう。表面的な衣装で見栄を張るより実質本位の食い物を重視するという意味なら、大阪以外に日本中でこれに当てはまる土地はいくらでもある。旨い食い物屋が多いという意味だとしても、これも大都会ならおしなべてそうである。

江戸時代後期の大坂町奉行久須美祐雋《くすみすけとし》（一七九六〜一八六三）に『浪花《なにわ》の風』という

随筆がある（江戸期までの表記は「大坂」、明治以後は「大阪」。本書では固有名などを除き「大阪」で統一する）。祐雋は幕臣であったが、奉行を任ぜられて大阪に来た。江戸の生まれであったため浪花大阪の風俗（浪花の風）が珍しかったらしく、この随筆には江戸大阪文化対比論が語られている。

こんな話が書かれている。現代語訳で紹介しよう。

諺《ことわざ》に「京の着倒れ、江戸の食い倒れ」と言うように、浪花の地も京都と同様に着物を何枚も持つ風俗である。金持ちがそれ相応に着物を何枚も持つのはさて措《お》くとしよう。しかし、裏長屋に住み、夫婦だけで使用人もなく暮らしているような連中でも、着物は分不相応《ぶんふそうおう》なほど持っている。毎日の盗難届けにも、そんな夫婦で日雇い仕事をしている貧しい者であっても、着物を五、六枚盗られたと言ってくることは、珍しいことではない。これは、江戸では裏長屋住まいのその日暮らし者には決してあるはずのないことである。

ここには「京の着倒れ、江戸の食い倒れ」として出ている。そして、大阪は、隣の京都と同じように着倒れであるとしている。江戸時代には「京の着倒れ、大阪も着倒れ、江戸は食い倒れ」だったのである。

どうも「大阪の食い倒れ」はそんなに古くからあるわけではないようだ。

柳田國男の見た東京、森田たまの見た大阪

江戸が東京に代わって以後も見てみよう。

民俗学の祖、柳田國男に『食物と心臓』という一冊がある。そこに収められた「酒もり塩もり」という一文では「おごる（ご馳走する）」という言葉について考察している。これは、昭和十五年（一九四〇年）発表のものだが、その中にこんな文章が書かれている（現代仮名遣いに改める）。

東京は喰い倒れで、とかく飲食に奢りの沙汰が多かったことは事実である。

東京は食（喰）い倒れの風習だから、飲み食いに贅沢な行動・話題が多い、というの

である。柳田は明治八年（一八七五年）兵庫県に生まれ、明治二十三年に上京している。柳田の見るところ、明治から昭和戦前期までの東京は、言葉の言い回しとしても自身の体験としても食い倒れの町であった。

この時期、大阪はどうだったろうか。

大正から昭和戦後期まで活躍した女流随筆家に森田たま（一八九四〜一九七〇）がいる。代表作は一九三六年刊行の『もめん随筆』である。札幌に生まれ、上京後結婚、夫が大阪出身であったため、後に大阪、西宮に住む。一九六二年には参議院議員にもなった。

この『もめん随筆』に「東京の女・大阪の女」という一章がある。女の目から見た昭和初めの東京の生活、大阪の生活を述べたものだ。若い読者にも読みやすいようにこれも現代仮名遣いに改めて紹介してみよう。

たべものにまで〔夫と妻とで〕差別をつけられてそれでよく我慢ができると思うのは私達のせまい考えで、細君は細君なりにそのへんの事はよく心得ていて普段はつましい食事で辛抱し、たまたま買い物に出た時など下はデパートの食堂から上は「いせや」や「つるや」あたりまで女同士さそいあわせてたべに行くのが楽しみのひとつとなっている。

当時は、女中を置くくらいの家では、家長である夫は食膳が別扱いであった。妻は「普段はつましい食事」であり、たまに買物などで外に出た時に女同士で外食を楽しんだというのである。全然「食い倒れ」ではない。家長の特別の食膳にしたところが、晩酌のために魚が一皿余分に付く程度のことであった。

衣類については、大阪の女は他人の着ているものが非常に気になる、として、こんなことを書いている。

大阪の婦人の着物に対する知識の深さはとうてい東京の女の及ぶところではない。西陣に近いせいでもあろうが、おなじ友ぜんを見ても、これは千そうのものこれは千々のものとちゃんと区別がつく。

どうやら「大阪も着倒れ」のようである。理由は「(京都の)西陣に近いせいでもあろう」。ともかくも「大阪の食い倒れ」らしき話は全く出てこない。

効果的な宣伝の作った「大阪の食い倒れ」

それでは、なぜこんなに「大阪の食い倒れ」が信じられているのだろうか。

一つには、江戸時代の大阪が次のように雑俳に詠まれているからである。雑俳というのは広義の俳句の一種で、滑稽や風刺を主眼とした。川柳は雑俳から派生している。

日本の米の集まる食い倒れ

しかし、この「食い倒れ」は意味が少し違う。江戸時代は米が通貨の役割を果たし、大阪はその流通拠点であった。大阪には日本全国から米が集まるが、これをユーモラスに、大阪人は腹いっぱい米の飯を食うのだな、と表現したものである。大阪では食い物に金をかけるとか、食通が多いとかいう意味ではない。

江戸時代も、明治・大正・昭和戦前期も、「大阪の食い倒れ」ではないようだ。となると、戦後にその起原を求めなければならないだろう。

大阪の繁華街道頓堀《どうとんぼり》に「大阪名物くいだおれ」という食堂があった。マスコットの「くいだおれ人形」が丸い眼鏡をかけとんがり帽子をかぶり、店の前で愛嬌を振りまいていた。大阪名物として観光案内書にも取り上げられるほどだったが、二〇〇八年夏閉店した。店舗環境の変化や家族経営の限界などが原因らしい。この閉店は地元大阪だけではなく、全国的に新聞、雑誌、テレビで大々的に取り上げられた。それほどよく知られた店だったのである。

この店の宣伝力は大きかった。単なる町の食堂であるのに、その閉店が全国的なニュースになるのである。「大阪名物くいだおれ」という店名、そして「くいだおれ人形」、これが店の宣伝に効果を上げ、そしてそれ以上に「大阪の食い倒れ」を宣伝した。そもそも「大阪名物くいだおれ」というのはこの店の店名、長ったらしい固有名詞なのであって、大阪は食い倒れの町であると言っているわけではない。しかし、この固有名詞が本来の「大阪も着倒れ」を押し退《の》けて「大阪の食い倒れ」を全国的に定着させたのである。

この店は、まだ戦災の跡が生々しく残る一九四九年に開業した。命名の由来は「大阪

閉店のお知らせ

拝啓、残花美しき候、益々御清祥のことと、お慶び申し上げます。

さて、大阪名物くいだおれは、永年皆様にご愛顧賜って参りましたが、この度、一、建物・設備等の老朽化、一、周辺環境・時代の変化、一、総合食堂形式と家族経営の限界、に依り、本年七月八日をもって、閉店致すこととなりました。

顧みますと、昭和二十四年、創業者山田六郎が、戦後焼ヶ野原となった道頓堀を、食堂を創って復興に寄与することを天命と考え、大阪がくいだおれの街となる様にと名前を戴き、戦後の道頓堀と共に歩んで参りました。

「道頓堀という街は、店に入るお客様だけでなく、道行く人々にも楽しんでもらわなあかん」ということをモットーにして、一所懸命に努力して参りました。

先代亡き後も「一、支店を出すな、一、家族で経営せよ、一、看板人形を大事にせよ」との遺言を守り、営業を続けて参りました。

しかしながら、時代とともに、道頓堀も大きく変化しております。今、新しい時代を迎え、この大阪名物くいだおれも、道頓堀での六十年、そろそろ定年を迎え、お役目を終えた様です。

こゝに、六十年の幕をおろし、閉店致すことを決意しました。永年、私共に温たかい応援をしてくださいました地元大阪の皆様、又ごひいき賜りました日本全国のお客様に、心から御礼申し上げます。

尚、本日より、閉店までの三ヶ月間「さよならくいだおれフェア」として、秘蔵の写真展、全国各県食材を取り入れた料理フェアなど、趣向をこらした催しを行います。

最後まで、ご愛顧・ご来店のほど、何卒よろしくお願い申し上げます。　敬具

平成二十年四月八日　大安

株式会社くいだおれ

代表取締役社長　山田昌平

代表取締役会長　柿木道子

（原文のまま）

私もそろそろ還暦。道頓堀での役目も終えたようです

くいだおれ 7月閉店

ブランド売却も検討

「くいだおれ人形」で知られる大阪・道頓堀の食堂「大阪名物くいだおれ」が7月に閉店することが8日、分かった。店側は周辺環境の変化や家族経営の限界などを理由に挙げている。関係者によると、人形を含めたブランドを第三者に売却する方向でも検討しているという。

（30、31面に関連記事）

同店が出した「閉店のお知らせ」によると、閉店の理由について経営的な問題には触れておらず、「一、建物・設備等の老朽化」「一、周辺環境・時代の変化」「一、総合食堂形式と家族経営の限界」の3点を挙げ、「本年7月8日をもって閉店致すこととなりました」としている。

また、「支店を出すな」「家族で経営せよ」「看板人形を大事にせよ」との先代からの遺言を守り続けてきたものの、「道頓堀も大きく変わり、新しい時代になった。そろそろお役目を終えたようです」としており、閉店までの3カ月、「さよならフェア」を開くという。人形の今後などについても触れていない。

信用調査会社によると、同店の昨年5月期の売上高は7億100万円で、9500万円の赤字。平成3年のピーク時に比べ、売り上げはほぼ半減した。資本金は2400万円。従業員数は約150人。

関係者によると、近年の業績は飲食業界の競争激化に加え、代わり映えのない店舗に地元の集客力が低下。従業員の大幅なリストラを図るなど厳しい経営を余儀なくされていたという。

同店は昭和24年6月、故山田六郎氏が「焼け野原となった道頓堀の復興に寄与しよう」と創業。さまざまな食事が楽しめる大衆食堂として人気を集めた。8階建てで、日本初の食堂ビルとしてオープンしたことでも知られる。同25年に登場したくいだおれ人形は道頓堀のシンボルとして知名度が高く、観光名所にもなっている。

Welcome
欢迎光临

7月に閉店することが決まった「大阪名物くいだおれ」＝8日午後6時12分、大阪市中央区（大塚聡彦撮影）

「大阪名物くいだおれ」の閉店を報じる記事
産経新聞（大阪本社版）2008年4月10日

がくいだおれの街となる様にと名前を戴いた」（閉店の挨拶より）ものである。大阪が食い倒れの町だから、そう命名したのではない。大阪が食い倒れの町になるようにと、願望を込めて命名した固有名詞なのである。

「〜の〜倒れ」については、他の言い方を聞いたことがある人もいるかも知れない。細かく見ると全国に小さな「〜の〜倒れ」が点在しているからである。隣接する町や村同士で、あそこは「〜倒れ」だ、こっちは「〜倒れ」だと言い合っていたのである。ただ「京の着倒れ」はほぼ共通している。やはり都だったからだろう。「食い倒れ」はあちこちの地方を評する時に使われた。江戸のほかに、大阪についても、その他の地方についても、そう言われた。江戸後期の随筆集『嬉遊笑覧』には、諺に「江戸の食い倒れ」と言うが、もとはそうではなく、「大阪は食うて果てる」と言った、とある。さまざまな地方でさまざまな言い方があった中で、江戸時代の後半には「江戸の食い倒れ」が定着していったようである。昭和初めに出版された大型国語辞典『大言海』には、「京の着倒れ、江戸の食い倒れ」として出ている。戦後期までは、これが標準的な言い方であったと見ていいだろう。

それにしても、なんと多くの人が、大阪人だろうとその他の地方の人だろうと、「大阪の食い倒れ」を自明のものとして信じ、その上でしばしば大阪人の性格や行動様式を論じていることだろう。そもそも前提が根拠薄弱なのである。

ついでに大阪の食風習について『浪花の風』からもう一つこんな話も紹介しておこう。我々は何となく大阪の味は薄味だと思っている。事実、現在はそんな傾向がある。大阪人が「東京のうどんは汁が黒うて辛うてかなわんわ」と言うのをしばしば耳にする。しかし、江戸時代はそうではなかった可能性がある。久須美祐雋はこう書いている。

〈大阪も江戸と同じく飯屋は多いが〉その調理の味付けの違いを大雑把に言うと、江戸は主に薄味で甘口であり、ここ大阪は主に濃口で塩辛い。

現代優勢である現象が、必ずしも伝統的にそうであったとは限らないのである。

第二章　出版史上まれに見る怪著『中国人と名古屋人』

「県民性評論家」岩中祥史

「まえがき」で触れたトンデモ名古屋論を大々的に展開している中心人物が「県民性評論家」岩中祥史《いわなかよしふみ》である。県民性評論家などという職業があろうとは、私は岩中の本を読むまで知らなかった。県民性を論じる職業なら普通は、社会学者、民俗学者、地理学者あたりだろう。日本では憲法二十二条によって職業選択の自由が認められているので、どんな職業名を名乗ろうと勝手だし、同じく二十一条では言論の自由も保障されているから、誰が何をどう評論しようと、これも勝手である。もちろん、私が岩中に断固たる筆誅を下すのも自由である。

岩中祥史の名を初めて知ったのは、一九九五年のことであった。私の教え子で経済誌記者であるN君が、この本はすごいですよと、笑いながら教えてくれたのである。それが『中国人と名古屋人』（はまの出版）であった。さっそく一読した私は、いやあ、なるほどすごいと感嘆した。この本の内容についてはこの後で徹底的に叩きのめすことにしよう。

まずは岩中祥史という人物である。著作にある著者紹介欄、また岩中のホームページなどによれば、次のような人物であると知れる。顔は『中国人と名古屋人』にこんなものが載っていた。

岩中祥史は一九五〇年に三重県志摩市で生まれ、しばらくして名古屋に移った。三重県は愛知県の隣県でもあるので、自分でも広義の名古屋出身者としている。小学校、中学校、高校、そして予備校まで名古屋の学校に通った。その後、東京大学文学部に入学し二年留年して卒業した。留年の理由はよく分からない。卒業後は編集者を経て編集プロダクションを設立した。編集プロダクションというのは、大手出版社の外注で雑誌企画や単行本の編集を請け負う会社、つまり下請け会社である。出版界では、普通「編プロ」と略称

岩中祥史センセ。
こ〜んな顔してます。

する。小さな会社が多く、岩中の編プロも社長である岩中を含めて従業員五人だという。岩中の編プロの大ヒット作は、細木数子の『六星占術　あなたの運命』で、ほかにも細木本を十冊ほど編集している。

岩中祥史は、自分でも県民性評論家として著作を出している。そのほとんどが名古屋論である。目についたものだけ、ざっと挙げてみよう。

『名古屋の謎だぎゃあ』（ワニ文庫）
『まっぺん！　名古屋の謎だぎゃあ』（ワニ文庫）
『中国人と名古屋人』（はまの出版）
『名古屋学』（新潮文庫）
『名古屋人と日本人』（草思社）
『名古屋人の商法』（サンマーク出版）
『名古屋の品格』（学習研究社）
『日本を変える「名古屋脳」』（三五館）

このほかに、新聞や雑誌でも名古屋がテーマになると県民性にからめてコメントしている。さらに、名古屋以外の県民性についても次のような著作を出している。

『新・不思議の国の信州人』（ワニ文庫）
『博多学』（新潮文庫）
『出身県でわかる人の性格』（草思社）
『県民性仕事術』（中央公論社）
『日本全国　都市の通信簿』（草思社）
『札幌学』（新潮文庫）
『広島学』（新潮文庫）
『踏んだら最後！　県民性の地雷原』（ダイヤモンド社）

まさしく日本で唯一人の「県民性評論家」である。そんな「実績」が評価されたのか、各地の町起こしイベントの企画などにも関わっているようだ。

誤読を大前提にまるまる一冊書き上げる

私が最初に読んだ岩中祥史の著作は、先に言った通り『中国人と名古屋人』である。これは出版史上に残る怪著であった。その他の岩中の名古屋本も全部めちゃくちゃだが、これが一番めちゃくちゃである。

この本のサブタイトルは「内村鑑三はなぜ、中国人と名古屋人を並べてこきおろしたのか」である。明治・大正期のキリスト教思想家であった内村鑑三（一八六一～一九三〇）には、「余《よ》の見たる信州人」という小文がある。信濃毎日新聞という地方紙に書いたもので、信州人すなわち長野県人の県民性を論じたものである。仕事に関連してこれを読んだ岩中祥史は小さな衝撃を受けた。それが『中国人と名古屋人』を書くことになった動機であり、大前提である。

信濃毎日に寄せたその小文で内村鑑三はこんなことを言っている。

信州人の特性は「愚《ぐ》にして頑《がん》」なるにありという。

「愚にして頑」とは馬鹿正直の意なり。

信州人は、愚かで頑《かたく》なであるという。言い換えると馬鹿正直である。しかし、これは悪口ではない。

余は幸いにして、いまだかつて信州人中に奸物《かんぶつ》を見ず。
この明治の偽善政府の治下《ちか》にありて望みを信州人に嘱《しょく》するゆえんなり。

信州人は馬鹿正直なまでに純朴で一途《いちず》な県民性であり、信州人には悪知恵を働かすような奸物はいない。だからこそ、自分はこの偽善的な明治政府の治下にあって信州人にこそ望みを託したい。内村鑑三は、そう言う。これはキリスト者としてありうる発言だろう。賢《さか》しらより純朴を神は嘉《よみ》し給《たま》うからである。これに対し、世知にたけた小賢しさは、神の救済からは最も遠い。それ故に内村はこう言う。

救済の希望絶無なる者は、知恵のある者なり。中国人のごとき、名古屋人のごとき、ほとんどこの絶望の淵《ふち》に瀕《ひん》するなり。

神の救済の手は、なまじ賢しらな知恵のある者には及ばない。世知にたけた中国人のような連中、名古屋人のような連中にとって、救済は絶望的である。内村鑑三はそう評する。

この内村鑑三の言葉を「こきおろした」と解していいかどうかはともかく、名古屋人である岩中祥史は気になった。しかし、考えてみると、内村の言うことは当たっている。中国人と名古屋人は性格や生活習慣がよく似ている。自分は名古屋で育ち、名古屋の県民性についての本を既に何冊か書いているが、全くその通りである。そこで改めて、中国人と名古屋人がいかによく似ているか一冊にまとめてみた。それが『中国人と名古屋人』である。

以上がこの『中国人と名古屋人』執筆の意図であり大前提なのだが、どうだろう、読者諸賢は何かおかしいと思われなかっただろうか。

内村鑑三は幕末に生まれて昭和五年に没している。活躍時期は明治・大正期である。そんな内村が「中国人」と言う時、誰を意味するだろう。広島人、山口人に決まっているではないか。広島の人、山口の人、すなわち中国の人、中国人である。海を隔てた日本の西にある大陸に住む人なら、支那人である。内村は、広島人、山口人、名古屋人を評して、目端《めはし》が利くけれど神は救済し給わず、長野人を評して、馬鹿正直さを神は嘉し給う、と言ったのである。

岩中祥史は愚かな誤読を大前提にまるまる一冊『中国人と名古屋人』を書き上げてし

まった。

誤読を前提にして何でもあり

内村鑑三の小文の誤読から出発した『中国人と名古屋人』は、支那人と名古屋人がいかに似ているかでほとんどのページが占められている。

本文は「〝中華思想〟ではどちらも負けない」から始まる。「中国人」と名古屋人はどちらも中華思想が強いと言うのだ。なんと大胆にして独創的な断定だろう。内村鑑三の言う「中国人」を支那人と誤読した上で勝手に中華思想論を展開しているのである。「フランス」は漢字で「仏国」と略記する。これを見てフランスは仏教国だと思い込み、同じく仏教国である日本との比較文化論を展開するようなもの

『中国人と名古屋人』表紙

である。フランスも日本も仏教国という点で共通している、そう考えてみると、ルイ十四世と徳川吉宗もよく似ているし、鮒ずしとブルーチーズもよく似ている、と結論づけるのと同じである。

中華思想論だけではない。ほかにも思いつきだけの支那名古屋相似論がいくつも述べられている。後で岩中祥史のほかの本を批判する時にも触れるものがあるので、ここでは一つだけ取り上げておこう。

名古屋人と支那人は家族的血縁的結びつきが強いというのである。

なるほど、名古屋人は東京人に較べれば家族的血縁的結びつきが強い。正確に言えば、地方から出てきて東京に住み着いた東京人に較べればである。名古屋は首都圏より土地が安く、持ち家比率が高い。そのため人口移動が少なく、代々同じ所に住んでいる人が多い。必然的に家族的血縁的結びつきが強くなる。しかし、それは地方から移り住んだ人の多い首都圏以外は概《おおむ》ねどこでも同じなのである。島根県と比較してどうか、岩手県と比較してどうか、鹿児島県と比較してどうか。北海道は開拓民の子孫が多いが、ここはどうか。そういうことは、岩中祥史は全く考えていない。

そもそも、支那人の家族的血縁的結びつき、いわゆる「宗族《そうぞく》的結びつき」は、日本の家族的血縁的結びつきとは文化的由来が大きく異なっている。

支那人は結婚しても夫婦別姓である。日本の伝統的「家制度」とは反対である。そのため、これは社会主義の男女平等思想によるものと勘違いされがちだが、儒教的習俗によるものである。従って、台湾でも、また民族を異にする韓国でも、儒教文化が色濃い所では、夫婦別姓である。これは、一つには、別の一族から嫁に来た者は自分の一族に入れないということであり、もう一つには、「同姓不婚」によるものである。同姓不婚とは、同じ姓の者とは結婚しないということである。なぜならば、同姓同士の結婚は近親結婚であり、獣や鳥と同じだ、と考えられているからである。

日本でも、もちろん近親結婚は忌《い》まれているが、その「近親」の範囲は極めて狭い。民法第七百三十四条では三親等内の結婚が禁止されている。伯父と姪、伯母と甥は、結婚できない。しかし、いとこ同士となると結婚できる。現に総理大臣であった菅直人の夫人はいとこであるけれど何の問題も起きていない。まして何百年も前に祖先が同じであったというだけで結婚が禁止されたりはしない。いやそれさえも定かでない、たまたま同姓であっただけの男女が結婚することを、近親結婚として忌むことはない。しかし、支那人や朝鮮人には、一国を代表する総理大臣がいとこ同士で「近親結婚」をしているなどということは、想像を絶することである。ついでに言っておくと、菅直人は山口人、すなわち中国人である。中国人がいとこ同士で結婚するのが日本である。日本と支那とではそれほど血族意識が違う。形だけの類似を取り上げて二つの文化を似ているとすることに何の意味もない。まして、日本のうちでも名古屋だけを取り上げて支那との類似を云々することはさらに意味がない。

引用および参考文献一覧

○ポール・セロー『中国鉄道大旅行』（中野恵津子訳・文藝春秋）○邱永漢『中国人と日本人』（中央公論社）○津田左右吉『シナ思想と日本』（岩波書店）○丁秀山『中国人の生活哲学』（東方書店）○丁秀山『中国の冠婚葬祭』（東方書店）○連根藤『中国人のはらわた』（はまの出版）○黄文雄『醜い中国人　日中比較編』（光文社）○黄文雄『中国にもう華は咲かない』（はまの出版）○千石保・丁謙『中国人の価値観』（サイマル出版会）○村山孚『中国人のものさし　日本人のものさし』（草思社）○竹内好『日本人にとっての中国像』（朝日新聞社）○若林敬子『中国　人口超大国の行方』（岩波書店）○守屋洋『中国人の発想80の知恵』（PHP研究所）○信太謙三『中国人とつきあう方法』（時事通信社）○陸培春『中国四〇〇〇年の発想源』（ダイヤモンド社）○潘允康『変貌する中国の家族　血統社会の人間関係』（岩波書店）○松本一男『中国人と日本人』（サイマル出版会）○孔健『日本人の発想　中国人の発想』（PHP研究所）○孔健『中国人とつき合う法』（学生社）○李志綏『毛沢東の私生活』（新庄哲夫訳・文藝春秋）○譚璐美『チャイニーズ・パズル』（新潮社）○高木桂蔵『客家がわかればアジアが見える』（光文社）○高木桂蔵『客家』（講談社）○亀井宏『尾張の宗春』（東洋経済新報社）○加来耕三『徳川宗春　尾張宰相の深謀』（毎日新聞社）○小原信『内村鑑三の生涯』（PHP研究所）○内村鑑三『代表的日本人』（岩波書店）○内村鑑三『地理学考』（内村鑑三全集2・岩波書店）○牧口常三郎『人生地理学2』（聖教新聞社）○金谷治『中国思想を考える』（中央公論社）○加地伸行『儒教とは何か』（中央公論社）○斯波義信『華僑』（岩波書店）○牧野由朗・中田実・安藤慶一郎『東海社会論』（東信堂）○中田実・谷口茂『名古屋　第二の世紀への出発』（東信堂）○塚本学・新井喜久夫『愛知県の歴史』（山川出版社）○林英夫責任編集『図説愛知県の歴史』（河出書房新社）○隅谷三喜男『日本の歴史22　大日本帝国の試煉』（中央公論社）○神坂次郎『元禄御畳奉行の日記』（中央公論社）○白神義夫『華僑商法100カ条』（三樹書房）○白神義夫『華僑に学ぶ100カ条』（三樹書房）○諸橋轍次『中国古典名言事典』（講談社）○『都市データパック一九九四年版』（東洋経済新報社）

『中国人と名古屋人』の引用参考文献ページ

『中国人と名古屋人』がどれほど「すごい本」か、以上の話だけでもよく分かるだろう。岩中祥史はこの本の十年後に出した『名古屋人と日本人』の中で、今度は、名古屋人は勤勉でドイツ人に似ていると書いている。こうなったら、なんでもありである。岩中が次には名古屋人がどこの国の人に似ていると書くか楽しみにさえ思えてくる。

『中国人と名古屋人』の巻末には、どういうつもりなのか、引用・参照文献が四十冊ばかり小さな活字でびっしりと列挙されている。少し不鮮明ではあるが写真版で掲載しておく。関心のある方は目を凝らして確認されるのも一興かと思う。

私はこれまでにもこの怪著のことをあちこちで書いてきた。それが岩中祥史の目に触れたのだろう。岩中もさすがにこれはまずいと思ったらしく『中国人と名古屋人』を絶版にし、自分の著作を挙げる時にもこの本の名前は出さなくなっている。しかし、世の中にはものごとを見抜くことのできない輩が多く、この本に言及し、引用する人がいる。その話はもう少し後ですることにしよう。

「支那」抹殺の原因は何か

出版史上まれに見る馬鹿本を出した岩中祥史は、仮にも高学歴の編集者であり、自分でも十数冊の本を執筆している。それがなぜ内村鑑三の言う「中国人」を広島人、山口人だと分からなかったのか。

現代日本では「支那」が国家権力によって抹殺されているからである。支那は「中国」としなければならないという理不尽な言論抑圧状況があるからである。そんな状況が半世紀余りも続いた結果、岩中祥史のような何も知らず何も分からない大馬鹿野郎が現れた。この恐るべき言論抑圧について、私は著書で何度も批判してきたが、ご存じない読者もいることだろうから、ここで簡単に再論しておく。

「支那」は世界共通語である。世界中のあらゆる国で、支那を「支那」またはその近似音で呼んでいる。英語ではチャイナ、スペイン語ではチナ、フランス語ではシーヌなど、発音と綴字《ていじ》が少しずつ違うだけである。語原は、支那最初の統一帝国「秦」である。ただ、ロシヤでは支那をキタイと呼ぶ。これは十世紀から十二世紀にかけて支那北部を統治した「契丹《きったん》」（王朝名は「遼」）に由来する。モンゴルでもこれと同系のヒャタドと呼ぶ。こうした小数例を除けば、世界中で支那は「支那」である。

日本でも昔から「支那」は使われてきた。このほかに「から（唐）」「もろこし（諸越）」も使われたが「支那」も使われた。例えば、鎌倉時代中期の親鸞の『教行信証《きょうぎょうしんしょう》』にも次のように出てくる。

「慈雲大師のいわく、しかるに祭祀《さいし》の法は、天竺《てんじく》には韋駄《いだ》、支那には祀典《してん》といえり」（慈雲大師いわく、神を祀る法は、インドでは韋駄、支那では祀典と言った）

支那を「中国」と呼ぶことなど普通はなかった。儒学が盛んになった江戸時代に、儒者たちが「学問や文化の中心の国」という意味を込めて「中国」と呼んだのが数少ない例外であり、一般には全く広がらなかった。なぜならば「中国」と言えば中国を指すに決まっていたからである。畿内（近国）と西国（遠国）の中間にある国、すなわち「中国」である。それ故、支那を中国と混同して比較文化論を展開する県民性評論家なんていう大馬鹿者は、有史以来、岩中祥史までただの一人もいなかった。岩中は歴史に残る栄誉を担ったのである。

親鸞

現在、マスコミでも学校教育でも「支那」を見ないのは、戦後すぐに行なわれた言論抑圧によるものである。この言論抑圧のたちが悪いところは、言論抑圧ではなく言論改革であると、理由もなく信じさせていることである。

多くの人は、「支那」は侵略的で、人権抑圧的な差別語だから、良識あるマスコミ人や教育関係者たちがこれを廃止し、「中国」に換えたのだと、何の根拠もなく信じ込んでいる。典型的な現代の迷信である。「支那」がもし人権抑圧的な言葉なら、あれほど人権問題に過敏なアメリカやフランスでなぜチャイナやシーヌが問題にされないのか。「支那」が日本による侵略戦争に関係あるとするなら、一九九七年になってやっと支那侵略をやめたイギリスでチャイナをやめないのはどうしてか。同じく一九九九年になってやっと支那侵略をやめたポルトガルでシーナをやめない理由は何なのか。全く説明がつかない。

「支那」が日本で禁じられているのは、戦後まもない一九四六年六月、外務次官が各省次官や都道府県、また新聞社・雑誌社に向けて、「支那」を使うなという通達を送ったからである。つまり言論統制である。しかも、是非の議論さえ封じる次のような文言が含まれている。

「今後は理屈を抜きにして先方の嫌がる文字を使わぬ様《よう》にしたい」

理屈だの議論だのは不要である、相手が嫌だと言ったらそれを聞け、というのだ。この時期は日本は連合国軍（実質はアメリカ軍）の占領下に置かれ、さまざまな報道規制があった。原爆被害の実態報道もできなかったし、アメリカ兵による犯罪事件の報道もできなかった。アメリカが「嫌がる」からである。一九五二年の講和条約発効後、報道規制はなくなったが、「支那」禁止の次官通達だけは奇妙に生きている。一つには、相手が嫌がることはよくないという「友好の論理」に押し切られているからだ。しかし、中華民国は自分の国が「台湾」と呼ばれることを嫌がるのだが、これはお構いなしである。「友好」が恣意的であることを如実に示している。

もう一つには、先にも言ったように「支那」を差別語だと思い込んでいる、いや思い込まされているからである。しかし「支那」は支那人自身も使っている言葉で、清朝の公的文書にも出てくるし、支那知識人の編集による『二十世紀之支那』という雑誌も発行されている。どう考えても差別とは無関係である。

それなのに、支那が日本人にだけ「支那」を使うな「中国」と呼べ、と言うのは、背景に差別意識があるからだ。もちろん、支那の日本に対する差別意識である。かつて東アジアは支那を中心にした「冊封体制《さくほうたいせい》」「華夷秩序《かいちつじょ》」の中にあった。簡単に言えば、支那を中心に衛星国家群があったということである。その衛星国家の一つにすぎない日本が、なぜ我が国を「世界の中心にある国」と呼ばないのか、無礼な奴らだ、という差別意識である。その証拠に、華夷秩序に組み込まれたことのないヨーロッパ人には「世界の中心にある国」と呼べなどとは言わない。

戦後のゆがんだ思想空間の中で、差別されている方が、差別している方に、差別してごめんなさいと謝罪しているのである。アメリカの黒人が、白人に対してご主人様と言わないのは、俺達黒人の白人差別の現れだとして謝罪し、以後理屈抜きに「ご主人様」と呼ぶようにする、というようなものである。

私は四十年以上前、全共闘の学生だった時から、支那は「支那」であると言い続けてきた。最近やっとマスコミでもこの異様な言論統制に気づく動きが出てきた。新聞でも雑誌でも一部ではあるが、支那を「支那」と書くことができるようになった。しかし、戦後六十余年続いたこの異常な「良識」はまだまだ根強い。そんな中で、岩中祥史というバカの極致とも言うべき県民性評論家が生まれたのである。

第三章　日本中にある「ビルヂング」

名古屋駅正面の有名な「ビルヂング」

ＪＲ名古屋駅桜通口の前には広いロータリーをはさんで「大名古屋ビルヂング」が建っている。立地条件の良さで人気の高いオフィスビルである。ビジネスマン以外にも、駅前のランドマークとして市民に親しまれている。このビルは初代が一九六二年に竣工した（全館完成は一九六五年）。以来半世紀も経ったが、二十一世紀に入る頃から、ＩＴ対応の充実などを考慮し建て替え計画が進められ、二〇一五年には二代目が完成した。新ビルは地上三十四階（百七十五メートル）で、名古屋駅前のオフィスビルとして知らぬ人はいない。

同時に、この「ビルヂング」という表記を〝名古屋の田舎くささ〟〝名古屋の後進性〟の象徴だとする声も時々聞かれる。

日本で唯一人の県民性評論家、岩中祥史も『名古屋の謎だぎゃあ』でそう指摘している。岩中はこれ以外の著作でも同旨のことを何度も繰り返している。「大名古屋ビルヂング」はよほど唾棄《だき》すべき陋習《ろうしゅう》、見過ごすべからざる不見識だと思っているらしい。岩中が「反ビルヂング論」を最も果敢に展開しているのが『名古屋の謎だぎゃあ』であるので、そこから引用してみよう。さほど長い文章でもないのに、どういうわけだか誤字誤植が多いが、それは修正しておく。

昭和37年、名古屋駅前に新築されたのが大名古屋ビルである。ところが、この屋上に「大名古屋ビルヂング」というネオンサインが、「名古屋ではないで。大名古屋だ《でやあ》で！」といわんばかりに鎮座ましましている。これがまた、駅のホームから異常なほど目立って見えるため、夜など、新幹線が名古屋に停車すると、いやおうなくそれが目に入ってくる。そして、大方の乗客が「おかしな表記だな。大名古屋ビルディングにすればいいのに……。やっぱり名古屋は田舎なんだ」という印象を抱くのである。

たしかに、ワープロで「ビルヂング」と入力しても、変換してくれない。ビルディングのほうは一発で変換される。だから、標準語としては「ビルディング」が正しい

旧「大名古屋ビルヂング」

新「大名古屋
ビルヂング」

のだろう。

「ビルヂング」と表記したのは、新仮名づかいになる前、つまり昭和21年以前のことである。英語のｄｉは、ｚｉと区別して、「ジ」ではなく「ヂ」と表記されていたのだ。名古屋だけでなく、日本全国これは同じだった。その名残であることは容易に想像できるのだが、せめてデザイン博のときにでも直してほしかった。


岩中祥史は、「名古屋」の上に「大」をつけて「大名古屋」とするのを、何か名古屋の過剰な郷土愛の表現だと思っているようだ。しかし、地名の上に「大」をつけることは別に名古屋特有の慣習ではない。デパートの催事場ではしばしば「大北海道物産展」のたぐいが開かれ、人気を集めている。北海道だけではない。東京もそうである。かつての江戸は、読みは違うけれど「大《おお》江戸」と言った。東京と変わってからも「大《だい》東京」と言われる。盆踊りなどで東京都民に親しまれている歌に「大東京音頭」がある。そこには「東京、東京、大東京」と歌われている。例によって、岩中は無知を得意気にさらけだしているのである。

しかし、「大名古屋」「大東京」あたりは「大ミス」と言うほどではなかろう。それよりも、この男、何か根本的に間違っていないか。『中国人と名古屋人』で、広島人、山口人を支那人と間違えた上で、珍妙な比較文化論を自信満々で展開したように、大前提が間違っていないか。

岩中祥史は「大名古屋ビルヂング」という名称を、見識のない守旧的な名古屋人らしい命名だと思っている。しかし、これは三菱地所所有のビルの共通名である。一種の登録商標、事業シンボルなのだ。三菱地所は、三井不動産と並んで日本を代表する財閥系の不動産会社である。全国で不動産取り引きをし、宅地開発をし、オフィスビルを賃貸している。その三菱地所のオフィスビルは大半が「〜〜ビルヂング」と命名されている。日本中の主要都市に何百棟という「ビルヂング」が建っているのだ。

試みに東京都の職業別電話帳『タウンページ』を見てみよう。次ページに掲げておいた。ご覧の通り、東京だけでもビルヂングが乱立している。その中に、東京駅の丸の内側、皇居をすぐ西に臨む「丸ビル」がある。以前はしばしば大きな容積を分かりやすく説明する時、丸ビル何個分と形容された。その丸ビルは略さずに言うと「丸ノ内ビルヂング」である。三菱地所所有のビルだからである。ただ、二〇〇二年の建て替え後の「新丸ビル」は「丸の内ビルディング」と改称され、他の三菱地所系のビルもこれに倣

丸の内に立つビルに掲げられたプレート。

丸ノ内ビルヂング
　管理室 ………………… 287-5926
　機械係室 ……………… 287-5929
新丸ノ内ビルヂング
　管理室 ………………… 287-5921 千、丸の
　電気係室 ……………… 287-5923
　機械係室 ……………… 287-5924
新丸ビル会議室 ……… 287-5922
三菱ビルヂング
　防災センター ………… 287-5937 千、丸の
　監視盤室 ……………… 287-5939
　機械係室 ……………… 287-5940
　地域暖房センター …… 287-5941
三菱電機ビルヂング
　管理室 ………………… 287-5943 千、丸の
　電気、機械係室 ……… 287-5945
千代田ビルヂング
　管理室 ………………… 287-5946 千、丸の
　電気係室 ……………… 287-5948
　機械係室 ……………… 287-5949
古河ビルヂング
　管理室 ………………… 287-5950 千、丸の
　電気係室 ……………… 287-5951
　機械係室 ……………… 287-5952
丸ノ内八重洲ビルヂング 287-5953 千、丸の
　管理室

丸紅ビルヂング
　管理室 ………………… 287-6152 千、大手
　監視盤室 ……………… 287-6153
次からはビル電話ではありません。

情報システム部 …… ㈹ 454-5317 港、三田
有楽町管理事務所 ㈹ 595-0411 千、内幸2
　日比谷国際ビル分室
港地区管理事務所 … ㈹ 479-3201 港、南青山
　三田分室 …………㈹ 454-7461 港、三田1
健康保険組合 ………… 211-8969 千、丸の
青山ビルヂング
　管理室 ………………… 404-4444 港、北青山
　電気、機械係室 ……… 404-9411
岸本ビルヂング管理 ㈹ 287-2596 千、丸の
　室
英全ビルヂング管理室 262-5531 千、六番4
三番町ＹＳビルヂング管 239-5217 千、三番5
　理室
山王グランドビルヂング
　管理室 ………………… 581-0389 千、永田2
　電気、機械係室 ……… 581-5800
新青山ビルヂング
　管理室 ………………… 475-1741 港、南青山
　電気、機械係室 ……… 475-1744
新日石ビルヂング管理室 213-5709 千、丸の
青康ビルヂング管理室 400-1720 港、南青山
晴海パーク ………… 533-2540 中央、晴
　ビルヂング新館防災セ
　ンター
日比谷国際ビルヂング
　防災センター ………㈹ 501-1371 千、内幸2

　機械係室 ……………… 287-6047
新有楽町ビルヂング
　管理室 ………………… 287-6048 千、有楽1
　電気係室 ……………… 287-6050
　機械係室 ……………… 287-6051
有楽町ビルヂング
　管理室 ………………… 287-6052 千、有楽1
　電気係室 ……………… 287-6054
　機械係室 ……………… 287-6055
日比谷パークビルヂング
　管理室 ………………… 287-6056 千、有楽1
　電気係室 ……………… 287-6057
　機械係室 ……………… 287-6058
新大手町ビルヂング
　管理室 ………………… 287-6121 千、大手2
　電気係室 ……………… 287-6123
　機械係室 ……………… 287-6124
日本ビルヂング
　管理室 ……………㈹ 287-6126 千、大手2
　電気係室 ……………… 287-6128
　機械係室 ……………… 287-6129
日本ビルヂング別館管理 287-6131 千、大手2
　室
新日鉄ビルヂング防災セ 287-6132 千、大手2
　ンター
タイムライフビルヂング
　管理室 ………………… 287-6133 千、大手2
　監視盤室 ……………… 287-6134
交通公社ビルヂング

「東京都 23区タウンページ」の「貸ビル」ページより。
これでもほんの一部。

う例が多くなった。しかし、その中にあくまでも伝統を守るビルも相当数あり、改称後も建物名プレートは「ビルヂング」で通す例も少なくない。三菱地所以外の「ビルヂング」も当然ながら全国各地に何百棟と現存している。

岩中祥史は、大学生時代から東京に長く住んでいるはずなのに、この程度のことも知らない。幼少年時代に住んでいた名古屋のことも知らない。そして、お得意の間違った前提から始まるトンデモ名古屋論を展開するのである。

国語学的無知もさらけだす

岩中祥史は東京大学文学部卒業である。県民性評論家であるとともに、細木数子の本を十数冊編集した編集者でもある。一般人よりは国語知識、国語感覚が優れていてもよいはずである。それなのにビルヂング論で述べられている仮名遣い論議は中学生並みである。

新仮名遣いは一九四六年の内閣告示によるものである。これは現代仮名遣いとも言われる。対するに、それまでの仮名遣いは旧仮名遣いと言うことが多い。ここに無意識の価値判断が働いている。現代社会にふさわしい新しい合理的な仮名遣いと旧弊で遅れた非合理的な仮名遣いという対比である。それを嫌って、正仮名遣いという人もいる。しかし、これも「正しい仮名遣い」とは何かという大問題があるので、普通は歴史的仮名遣いという。いずれにしても、国語感覚に優れた文学者は、俗論とは逆に、現代仮名遣いは教えるのには簡便だが、言語の表記方法としては不完全で不合理なものだと考えている。いまだに原稿は歴史的仮名遣いで書く見識に富む文学者もいるぐらいだ。

これも詳しく論じ出すと切りがないので、話をジとヂについてだけに限ることにしよう。

現代仮名遣いでは、原則的にジを遣う。ただ、語原意識がはっきりしている「鼻血」などは「はなぢ」とする。では「地震」はどうか。これは「ジしん」でなければならないとされる。なぜならば「鼻血」の「血」は訓、すなわち大和言葉の「ち」が語原だからである。一方の「地震」の「地」は漢字音であり、要するに外国語音であり、日本人にとっての語原にはならないからである。つまり大雑把に言えば、訓のヂは認める、音のヂは認めない、ということなのである。

こうしてみると、現代仮名遣いは、教えるのには簡便な仮名遣いであるかどうかも怪しくなる。

これに較べて歴史的仮名遣い（漢字の場合は字音仮名遣いと言う）は体系的整合性があり、合理的である。

漢字の音読みは、日本に伝来した時期などによって、大きくは二種類に分かれる。漢音と呉音である。「治」はチ（治療）とジ（明治）である。しかし、これが歴史的仮名遣いだとチとヂである。チ・ジよりチ・ヂの方が明らかに整合的だ。

現代では我々はジとヂを聞き分けることはない。しかし、聞き分けないながら、無意識のうちに発音だけは微妙に区別している。「砂地」と言う時と「文字」と言う時では、舌の位置が違う。「砂地」のジ（「地震」と同じで文字表記は「すなジ」）は舌を上の歯の裏につけている。ダ行音は全部そうする。ダ・ヂ・ヅ・デ・ドを発音してみれば分かるだろう。「砂地」のジはダ行音のヂだという意識が残っているのである。

ヂは古くさく因習的で名古屋っぽいなどということはありえない。

少し話が専門的になりすぎた。読者諸賢には理解できても、これを読んでいるに違いない岩中祥史には難しかろう。岩中にも分かる話をしよう。

確かに「ビルヂング」は三菱地所のビルの共通名ではあろうが、それでも今ではあま

MEIDI-YAの看板

「ブリヂストン」の看板

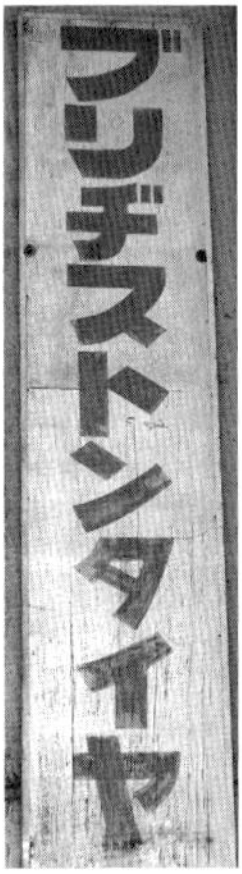

りヂは見ないし、古くさく田舎っぽいと、岩中祥史は反論するかもしれない。しかし、高級輸入食品会社の明治屋はどうか。ローマ字表記はMEIDI-YAとしている。つまり「メイヂ・ヤ」なのだ。岩中はおしゃれな明治屋をまさか古くさくて田舎っぽいとは思うまい。

日本を代表するタイヤ製造会社「ブリヂストン」はどうか。これをも古くさくて田舎っぽいと言い張るのだろうか。デザイン博だかなんだかの機会に「ブリジストン」と直してほしいと主張するのだろうか。ついでに言っておくと、多くのワープロでは「ブリジストン」と打ち込むと自動的に「ブリヂストン」と修正される。

ところで、この章の初めにも書いたように、大名古屋ビルヂングは建築から半世紀を経て、二〇一五年には隣接地と一体化した超高層ビルになった。この計画が報じられたのは二〇〇九年のことだが、同年十二月十六日付け朝日新聞（名古屋本社版）に岩中祥史がコメントを寄せている。「大名古屋ビルヂングの名前だけは残してほしい」と。今までの駄言妄言は何だったんだろう。知識もなければ、見識もなければ、その上、節操までない男である。

第四章　金鯱の謎

名古屋本の中の名著

岩中祥史批判が続いたので、ここでちょっと一服して別の話をしよう。岩中本に批判しなければならない箇所はあまりにも多いので、少し間を置いて改めて始めることにする。

愛知万博の二〇〇五年前後、書店にさまざまな「名古屋本」が並んだ。岩中祥史の本やそれと同工異曲のもの、また雑誌の名古屋特集号などであった。サブプライムローンやリーマン証券の破綻による世界的な経済危機が起きる前でもあり、活力ある町として名古屋が話題を集めていたのである。経済誌や名店紹介本などは、実学書実用書として意味がある。しかし、名古屋文化を論じたものには大したものはなかった。唯一の例外が井上章一『名古屋と金シャチ』（ＮＴＴ出版）である。これは時流に便乗した一冊のように見えながら、名著と言ってよい本である。

井上章一は京都大学で建築学を専攻した研究者で、建築史から意匠論や風俗史まで幅広い分野で通説を覆す研究成果を発表している。しかも、それは、個々の誤りを指摘するだけではなく、そういった通説を支える思考方法の再考を促すものである。

一例だけ紹介しておこう。法隆寺の柱は真中が緩やかに膨らんでいるが、これは古代ギリシャの神殿のエンタシス様式の影響を受けたものだと何となく信じられている。しかし、そんな根拠はどこにもない。この不正確な通説が広がった背後には「南蛮幻想」（西洋憧憬）がある、というのだ。大変興味深い指摘である。

『名古屋と金シャチ』も同じように興味深く、私も初めて知った話がいくつも書いてあった。

名古屋は「日本三大ブスの産地」だという話もあった。この「三大」は「ブス」にかかるのではなく「産地」にかかる。日本の三大ブスが名古屋生まれだというのではなく、ブスの三大産地を挙げるとその一つに名古屋が入る、というのである。残る二つは、仙台と水戸だという。

この本を読んだ時、私にはにわかには信じられなかった。名古屋にブスが多いということも、そんな説があるということもである。井上章一がこの説をまわりの人に話しても「たいていは、知らないという返事がかえってくる」。どうやら、これは「浮薄な風聞であり」「合理的な根拠をさがそうとするほうが、まちがっている」。井上はそう判断する。

私は井上章一の本を読んで少し後、古本屋でこんな本を見つけた。三遊亭円丈『名古屋人の真実』（朝日文庫、二〇〇六）である。元版は一九八七年刊行の『雁道《がんみち》―名古屋禁断の書』（海越出版社）などだが、それを再編集して文庫化したものだ。

この中にも「三大ブス産地説」が書かれている。

『名古屋人の真実』表紙

「昔から言われている日本のブスの三大地帯というのがある。これも時と場所によってその地名も変わるが、一応定説となっているのは水戸、名古屋、仙台、この三つがブスの三大名産地と言われている」

この本自体、落語家の放談エッセイであって見るべきものが全くない。実は芸人のエッセイにはしばしば名著好著がある。古川緑波《ろっぱ》『非食記』（ちくま文庫）、春風亭柳昇『与太郎戦記』（ちくま文庫）、加藤大介『南の島に雪が降る』（ちくま文庫）などは、資料としての評価も高く、文章にも味わいがある。しかし、三遊亭円丈のこの本は単なる出まかせの放談集である。朝日新聞社がこんな本をわざわざ文庫化する意味があるのだろうか。出版人としての見識が疑われよう。

ともあれ「合理的根拠をさがそうとするほうが、まちがっている」ような「浮薄な風聞」は、井上章一が聞いた以外にもあったのである。

しかし、井上章一の研究の過程で意外な事実も明らかになる。明治から昭和戦前期までは、全く逆に、名古屋は美人の産地としてよく知られていた、というのである。その頃の雑誌などにも「美人の産地として有名な名古屋」「昔から名古屋は美人が多い」と頻繁に書かれていた。井上章一は言う。「名古屋と聞けば、美人の産地と反射的に応答する。それが、名古屋観の紋切型になっていた」。

これまた、私にはにわかには信じられない。名古屋にそんなに美人が多いということがである。

名古屋には美人が少ないと言いたいのではない。日本中どこだろうと常に一定の割合でブスもいるし美人もいるとしか、私には思えないのだ。名古屋でもこれは同じである。また、美しく装う技術がとりわけ名古屋で発達しているとも思えない。俗に、都会の水で磨かれて垢抜けすると言う。消費文化が発達している所ほど装いが上手になるのは自然である。そうだとすれば、大きな都会であればどこでもおしゃれ事情はそんなに違わないはずだ。名古屋に限って美人の産地とする理由はない。

しかし、名古屋美人産出説が広く流れていたことは文献上確認されている。この説があったこと自体は、根拠のない風聞ではない。

私も『朝日新聞の記事にみる——東京百歳』（朝日文庫、一九九八）に、次のような記事を見つけた。

「美人の本場は名古屋でも、肌の滑かなは京の女、鴨川の水で磨いたのを優なるものとして、東は盛岡西は大阪の輸入もある」（明治四十二年九月一日）

美人の本場は名古屋であるのだが、京女も鴨川の水で肌を磨いているので美しいし、盛岡からも大阪からも美人が東京に来る、というのだ。これによれば、美人の産地は、名古屋、京都、盛岡（岩手県）、大阪、ということになる。

これには時代背景が影響していると、井上章一は言う。明治になり、首都東京には維新の元勲や出世街道を歩む官員様が増え、芸者など花柳界の女の需要が高まっていた。そこへ鉄道が開通し、名古屋から美人たちが流れ込んだ。これが目につき、名古屋には美人が多いということになったらしい。

世評は意外なことで形成され、また時代によって上下が容易にひっくり返る。そんなことが分かる研究である。

鯱とは何か

『名古屋と金シャチ』の中心テーマは、もちろん美人論、ブス論ではない。金シャチ論である。井上章一は「シャチ」と片仮名で表記するが、私は漢字で「鯱」とする。動物名をむやみに片仮名表記する風潮が好きではないからである。とはいうものの、鯱は動物なのか。哺乳類なのか、魚類なのか。そもそも、実在するのか。そして、鯱鉾《しゃちほこ》の起原はどこに求められるのか。このあたりの追究が、この本の読みどころである。

名古屋城は一九四五年五月、終戦を目前にして米軍の空襲によって炎上した。この名古屋城の天守閣の屋根には一対の金の鯱鉾が輝いていた。城や寺など建築物の屋根に鯱鯱を置くことは全国的に珍しいことではない。特に西日本では一般の民家でも鬼瓦のような魔除け、火伏せのまじないとして鯱を置く風習がある。東海道山陽新幹線が広島県東部の三原にさしかかると、車窓から見える民家の屋根の多くに鯱があるのが分かる。ただ、豪華な金の鯱は徳川御三家の一つ尾張の名古屋城にしかない。金の鯱は尾張名古屋の象徴であった。戦後の混乱が収まり、一九五九年に名古屋城が再建された時にも、当然、金の鯱も屋根の上に燦然と輝くことになった。

こうした歴史的経緯があり、名古屋ではあちこちに鯱が町のシンボルとして図像化されている。

ここまでは、名古屋人のみならず、広く知られている。しかし『名古屋と金シャチ』では、そんな常識をなぞったりはしない。それをここで全部紹介している余裕はないが、私にはその起原を世界中に探すところが面白かった。直接的に系統づけられるかどうかはともかく、鯱と同じ形の絵、彫刻、塑像が世界各地に観察できるのである。一番驚いたのが、ギリシャ、ローマなどの神話的海獣が鯱によく似ているという指摘である。

確かに、中世の海図に鯱によく似た怪魚の姿を描いたものを見たことがある。この本にはローマのバルベリーニ広場にある噴水の怪魚の写真が載せてある。比較してみれ

バルベリーニ広場の噴水
（アフロ）

鯱形のキャンドル台。名古屋城の土産物売場にて入手…ではなくて、イタリアの工芸品店で購入。ヴェネチアンガラス製。著者蔵。

ばよく分かる。なるほど鯱鉾そのままである。また、イタリアの美術品店には鯱鉾形の怪魚の置物が並んでいる（前ページ参照）。これも日本人の目には天守閣上の鯱鉾にしか見えない。

そして、これら鯱状の怪魚は英語ではドルフィンdolphinと言うのだ。ドルフィン、つまり海豚《いるか》である。しかし、鯱もドルフィンと言う。

このあたりのことは、私も知っていた。名古屋城内にある鯱鉾を説明する掲示板には、外国人観光客のために英文の説明もついている。そこにちゃんとdolphinと書かれているからである。

「鯱」という言葉も、その意味するものも、いくつかあって少し込み入っている。

名古屋では鯱が町のシンボルとなっており、名古屋港水族館には鯱が飼われている。十年ほど前には、伊勢湾を経て堀川に鯱が溯上するという事件があった。堀川は名古屋城を見上げるすぐ西側にあるため、大変な話題になり、大勢の見物客が川端につめかける騒ぎとなった。

しかし、この鯱は誰が見ても名古屋城天守閣の鯱鉾とは似ても似つかない。海棲哺乳類の鯱、要するに鯨の一種である。見た目も、白と黒のパンダ模様の美しい鯨である。

金鯱・1984年の名古屋城博で天守閣から下ろした時のもの(樹林舎『名古屋城再建』より)

名古屋城内
英文掲示板

海豚も鯨の一種であるから、では、この鯱もドルフィンと言うかと思うと、そうではない。これはグランパス grampus である。これは名古屋のサッカーチームの名前にもなっている。

一方、鯱鉾はヨーロッパの怪魚と同じ、体に鱗を持つ魚である。もっともこんな魚は現実にはいない。空想上のものだから、この鯱の鱗も龍の鱗のように爬虫類のイメージが投影されているのかも知れない。こちらは英語では先に言ったようにドルフィンである。

実は日本語の「鯱」にも二つの意味が交じっている。

海棲哺乳類の鯱、すなわちグランパスは、かつては「逆叉《さかまた》」と呼ぶことが多かった。特徴ある背鰭が武具の「叉」のようで、背中に逆立っているからである。このように背鰭が鯱鉾のようにそそり立っていることから、逆叉を鯱と言うようになったものらしい。

天守閣の鯱、すなわちドルフィンは、顔が虎のように厳めしい。それで、魚と虎を合字して「鯱」の文字を作った。日本製のいわゆる国字である。従って、「しゃち」と読むのは訓読みである。「鯱」の旁《つくり》の「虎」の音コを当てて「金鯱《きんこ》」と読むようなことがあるが、一種の熟字訓（慣用読み）である。国字であるから、そもそも音読みは存在しないのである。『大言海』では語原として、順序は逆のようだが、先に「しゃちほこ」（立ち尾こ）を考えている。「こ」は接尾辞で、尾を立てた魚という意味になる。これの下半分が略されて「しゃち」が成立したとする。

以上を整理してまとめると、次のようになる。

・海獣の「鯱」……海棲哺乳類の一種。白と黒のパンダ模様が美しく、そそり立つ背鰭が特徴。本来の名称は「逆叉」。英語ではグランパス。

・天守閣の「鯱」…空想上の怪魚。顔が虎で、体には鱗がある。本来の名称は「鯱鉾」。英語ではドルフィン。

金の鯱鉾も研究してみると、なかなか奥が深いのである。

第五章　名古屋市役所庁舎と愛知県庁舎

異彩を放つ建築物

天守閣上に金鯱が燦然と輝く名古屋城。その東側と南側は名古屋の行政・司法機能が集中する官庁街となっている。城を中心とする城下町の構造がそのまま残ったものである。現代的で機能的なビルが林立するこの官庁街の中、重厚なたたずまいでひときわ異彩を放つのが名古屋市役所庁舎と愛知県庁舎である。二つは南北に隣り合い、この一角は歴史の重みを感じさせる。最近のビルは採光を重視して窓を大きくしてあるのだが、構造体重視のどっしりした建築である。市役所庁舎には和風の屋根を戴いた時計塔があり、県庁舎の屋根には緑青《ろくしょう》の吹いた破風《はふ》がついている。二つとも外壁が少し黒ずみ、建物全体に年月が刻み込まれているようだ。

これを初めて見た人は、北西に道を隔てた名古屋城と関連させ、城の一部を改築活用

“名古屋市役所庁舎 ”

“愛知県庁舎 ”

したものではないかとか、名古屋城風にデザインしたものだろうとか、考えるようだ。しかし、市役所庁舎は一九三三年に、県庁舎は一九三八年に建てられたもので、名古屋城との関係はない。従って、名古屋人の名古屋城自慢とも関係はないし、郷土愛ともやはり直接的な関係はない。

さて、岩中祥史である。

岩中祥史には何冊もの名古屋本がある。ここまで既に『中国人と名古屋人』『名古屋の謎だぎゃあ』を取り上げ、この男がそもそも無知を前提にめちゃくちゃの名古屋像を描いていることを批判してきた。『名古屋学』もそんなトンデモ本の一つである。

この『名古屋学』に、名古屋の交通事情を揶揄した文章がある。名古屋人の自動車運転のマナーの悪さを指摘したものだ。

私は自動車免許も持っておらず、車の運転はしないのだが、それでも確かに多くのドライバーのマナーが悪いのは実感している。この理由について、岩中祥史の説明で一つだけ首肯できることがある。名古屋はなまじ道路が広いため、車の運転が乱暴になるというのだ。東京では道が混みすぎていて、かえって乱暴な運転ができないのである。ここに文明の逆説があるのだが、その話は後日に譲ろう。岩中相手に文明云々を語ってみてもしかたがないからだ。

名古屋の交通事情の悪さを論じる岩中祥史は、そこでつい筆が滑り、いつも通りの無知の自己暴露を演じている。

名古屋では、バス専用のバスレーンが道路中央にあり、そこにバス乗り場がある。道の真中に安全地帯のようなコンクリート製のバス乗り場が作ってあるのだ。多くは雨風を避ける屋根や囲いがついている。これはかつて市電が走っていた頃の名残だろう。東京で言えば、都電荒川線の停車場を思い浮かべればいい。あんな風にバスレーン、バス乗り場が作られている。ところが、乱暴なドライバーたちは、このバスレーンに進入してくる。危なくてかなわん。というところまではいいのだが、そのバス乗り場の写真として市役所前の乗り場を写したものを載せている。その写真に「左奥の異様な建物は県庁」と注記がしてあるのだ。

愛知県庁舎の建物は、先に書いたように、近代的ビルが林立する中では異質な感じがする。しかし、それは「異様な建物」なのだろうか。何か、あってはいけないものがそこにあるような、不安を覚えさせるような、そんな建物なのだろうか。先に言っておくと、名古屋市役所と愛知県庁舎はともに文化庁登録有形文化財になっている文化遺産である。

私は別にお国自慢をしようというのではない。「まえがき」で言ったように、もともと郷土愛はあまり強くない方である。この二つの建物を見た人が例えば岩手県人だったり、熊本県人だったり、徳島県人だったりするならば、「異様な建物」と形容するのも分からないではない。なぜならば、この様式の建物はそれらの県にはないからである。ところが、東京と横浜にはある。岩中祥史が何十年と長く住み、下請け編集者として走り回っていたはずの東京と、それに隣接する横浜には、これと同種の建物がある。同種と言うより、そっくりといったほうが正しい。

実は、この章の初めの六十七ページに示した写真は、読者にフェイントをかけたのである。あれは名古屋市役所庁舎と愛知県庁舎の写真ではない。神奈川県庁舎（神奈川県横浜市）と九段会館（東京都千代田区九段南）である。本当の名古屋市役所庁舎と愛知県庁舎の写真は左ページの方である。こうして両者を並べて比較してみないと、ほとんどの人が間違える。私は愛知県立大学で比較文化論の講義をしていたが、神奈川県庁舎と九段会館の写真を学生たちに見せると、全員が必ず名古屋市役所庁舎と愛知県庁舎だと間違えた。

本当の名古屋市役所庁舎

本当の愛知県庁舎

岩中祥史は、幼年期から名古屋に住み、一年の浪人後東京大学に入学するまで名古屋の学校に通った。しかも、高校は、名古屋市役所庁舎を北へ道一本隔てた明和高校である。岩中は、多感な三年間、この二つの庁舎を見るにつけ「異様な建物」だなと思い続けたのだろうか。そして、上京し、二年留年して大学を卒業後、編集者として九段会館の「異様な建物」を見たことはなかったのだろうか。出版の町神田神保町から九段会館まで六百メートル、歩いて十分とかからない。出版パーティーのたぐいもよく開かれるし、作家が宿泊することもある。横浜の中央部にある神奈川県庁舎の周辺も洒落たレストランやホテルが並び、会合や宿泊に使う人が多い。三十余年間、首都圏で編集者や県民性評論家をやりながら神奈川県庁舎の「異様な建物」を知らなかったのだろうか。

昭和初期に出現した「帝冠様式」

名古屋市役所庁舎、愛知県庁舎、神奈川県庁舎、九段会館、これらの特異な建築様式は「帝冠《ていかん》様式」と呼ばれる。この他に、静岡県庁（静岡県静岡市）、東京国立博物館（東京都台東区上野）が有名である。昭和初期に現れた建築様式で、近代的な鉄筋コンクリート造りの躯体《くたい》の上に和風の屋根を載せ、和洋折衷の味わいを出したところが特徴である。

『建築大辞典』（彰国社）には、次のように説明してある。

昭和初期ナショナリズムの台頭を背景として、無国籍または国際的な様式の近代主義建築に対抗して主張された様式。構造は鉄筋コンクリート造または鉄骨造でこれに伝統的な屋根を被せるのを最大の特色とする。一般的にはナショナリズムとファシズムが高揚した一九三〇～四〇年ごろのもののみを指す。

その後、和風建築のデザインのポイントとなる屋根を洋風ビルに組み合わせ、新しい様式をつくり出そうとする傾向を総称する名称として用いられるようになった。

要するに、昭和初期のナショナリズムに後押しされる形で生まれた和洋折衷のビル、ということである。建築家下田菊太郎の提唱によるとも記されている。

ただ、建築史の専門家の間ではさまざまな議論があるようだ。下田菊太郎は「帝冠併合式」と言ったけれど「帝冠様式」と言ったわけではないとか、この言葉は戦後のある時期までほとんど一般には使われなかったとか、さまざまな意見が出されている。用語の問題は専門家以外にはそれほど重要でもない。

しかし、本当にナショナリズムやファシズムに連動した国威発揚を目的とする建築様式だったのかという疑問も最近では出ている。前の章でも言及した井上章一、また西沢泰彦、越沢明らが、そうした研究者である。それによると、必ずしも国威発揚といった意味があったわけではなく、近代化の過程で自然に出現した洋風和風の融合形式であるという。大東亜戦争で敗北した日本が撤退した後の支那でも類似の東西混淆形式の建築が見られることを考えれば、確かにファシズムや国粋主義と直接の関係はなさそうに思える。少なくとも、過去の暗い歴史を思い起こさせる「負の文化遺産」と考えて批判の対象とする理由はないだろう。「異様な建物」と呼ばなければならない理由ももちろんない。

何年か前、大学での講義の時、学生の一人が、名古屋市役所庁舎や神奈川県庁舎はどこ

下田菊太郎

か国会議事堂に似ているようにも思うが、と発言した。興味深い意見である。

実は、国会議事堂は一九二〇年（大正九年）起工、一九三六年竣工で、時期的には帝冠様式とほぼ重なる。ただ、この設計コンペの入選案に強い批判を浴びせたのが、「帝冠様式」の提唱者とされる下田菊太郎であった。しかし、その国会議事堂にもどこか和風の匂いが漂う。帝冠様式と共通する時代の雰囲気があるのかもしれない。学生の直感はなかなか面白いと思った。

帝冠様式の建築物で現存するものは日本中で十棟ほどである。そのうちの二つが並んで建っている町は名古屋だけである。

第六章　祭と技術

名古屋の代表的な祭は名古屋まつり?

岩中祥史『名古屋学』は御大層なことに講義形式になっている。その「第2時限」は「歴史・地理学」である。サブタイトルが「〝文化不毛の地〟と言われても気にしない」である。この「文化不毛の地」論についてはまた後ほど検討するとして、「第2時限」の「歴史・地理学」は次のように始まる。

毎年一〇月中旬になると、名古屋では「名古屋まつり」が盛大におこなわれる。名古屋市をはじめ、市内のありとあらゆる団体・組織が総力をあげて取り組む一大イベントである。だが残念なことに、「名古屋まつり」といっても、おそらく東海三県（愛知・岐阜・三重）以外の人はまず知るまい。

どこの大都市にも、全国的によく知られた「祭り」がかならずあるものだ。

東京の「三社祭」「神田祭」、京都の「祇園祭」「時代祭」、札幌の「雪まつり」、仙台の「七夕」、福岡の「博多どんたく」といったぐあいである。ところが、名古屋には不思議と、こうした全国的に名を知られた祭りがない。

私は、これほど馬鹿げた「歴史・地理学」を知らない。名古屋まつりは、戦後ようやく生活が落ち着いた一九五五年に始まった行政主導型のイベントである。第一回は「名古屋商工会まつり」と言った。「まつり」と平仮名で表記するのも、企業名や商品名と同じく、そのように決められているからだ。そんな名古屋まつりと長い歴史の中で自然に形成されてきた三社祭や祇園祭や博多どんたくを比較した「歴史・地理学」なんて、冗談の「名古屋学」としてもありうるのだろうか。島根県津和野の武家屋敷や岐阜県飛騨の合掌造り民家と比較して、東京のひばりが丘団地は「おそらく一都三県以外の人はまず知るまい」とする建築文化学のようなものである。岩中祥史の県民性評論なるものは、この種のめちゃくちゃに満ちている。

名古屋まつりのメインイベントは、まだ娯楽が乏しかった戦後十年目に始まった市民参加の信長・秀吉・家康仮装行列大会、今風に言えば戦国武将コスプレパレードである。市民が楽しく集って賑わえばそれでいいのであり、全国に名を知られ、観光客が押しかけなければならないというような祭ではない。

そもそも歴史の古い町には、必ず伝統的な祭はある。それが全国的に知られているかどうかはともかく、歴史や民俗学に関心がある人なら必ず知っている祭がいくつもある。大阪は、岩中祥史がなぜか名を挙げなかった大都市だが、「全国的によく知られた祭り」はない。しかし、その大阪住吉大社の「御田植祭」は民俗学者によく知られ、また大阪市民にも親しまれている。

名古屋圏にもこうした祭は数多く存在している。一つだけ挙げておけば、名古屋のすぐ西にある水郷の町、津島市の「尾張津島天王祭」は、中世以来の伝統を持つもので、国の重要無形文化財に指定されている。宵祭では「巻藁舟《まきわらぶね》」と呼ばれる川舟の上に高さ十六メートルの柱が立てられ、その周囲に一年の日と月の数の提灯がつけられる。祭に集まった十数万の人たちはその幻想的な雰囲気に魅了される。

美術史家辻惟雄《つじのぶお》は、伊藤若冲《いとうじゃくちゅう》や曾我蕭白《そがしょうはく》など従来の美術史では顧みられなかった異色の画家を発掘紹介してきた独創的な研究者である。その辻は尾張津島天王祭を見て「こ

尾張津島天王寺・朝祭

尾張津島天王寺・宵祭
（名古屋タイムズ・アーカイブス委員会提供）

んなものがあったかと驚き感動した」と『奇想の図譜』（ちくま学芸文庫）で紹介している。そして大英博物館蔵の「津島祭礼図屏風」を参考図版として載せている。

名古屋の祭文化を論じるのに名古屋まつりを例に挙げた県民性評論家を、岩中祥史以外に私は見たことがない。

山車の上で舞うからくり人形

名古屋の祭を特徴づけるものは山車とその上で舞うからくり人形である。からくり人形つきの山車は、名古屋市内だけではなく、愛知県尾張地方、愛知県三河地方、さらには岐阜県南部や三重県東部なども含む名古屋圏の祭に広く見られる特徴である。

これらの祭はそれぞれの神社の祭礼日ごとに行なわれるため、名古屋圏全体である日一斉に山車を出すわけではない。ただ、春祭、夏祭、秋祭、といった季節区分はあり、季節ごとにその地域の祭はたいてい同じ日に行なわれる。

山車とからくり人形の研究者、千田靖子の『からくり人形の宝庫』（中日出版社）などによれば、愛知県だけで山車は百五十輌、からくり人形は四百体あるという。これだ

「津島祭礼図屏風」(大英博物館提供)

けで日本の八割を占め、岐阜・三重のものも合わせると九割にも上る。これは尋常の数字ではない。しかも、これでさえ少なめの数字だと言う郷土史研究者もいる。未調査のもの、破損したまま放置されているものも相当あるらしい。いずれにしても、からくり人形を載せた山車は名古屋圏に集中しているのである。

祭に山車が出るのは、名古屋圏以外にも全国に見られる。京都の祇園祭でも山車は呼びものだし、そのうち一輛にはからくり人形が載っている。

からくり人形つきの山車
(半田市下半田地区の祭礼より)

この京都祇園祭について、岩中祥史はこう言う。

祇園祭の場合、長い伝統を誇る、絢爛豪華な山車が何台も、ギシギシ音をたてながら町中を練り歩く。しかも曲がり角のところでは、こんなカーブをあの大きな山車がどうやって曲がるのだろうか、ひょっとしたら倒れるのでは……といったスリルまで味わわせてくれる。

これに対して名古屋まつりは、見物客の楽しみといえば、せいぜい三人の英傑役を誰が演じるかといったことくらいのものだ。この三人については毎年、市民から公募して選ぶのである。

無知を前提に得意気にトンデモ説を展開する県民性評論家の面目躍如といった文章だ。岩中祥史は、予備校まで過ごした名古屋時代に、よほど名古屋まつりに熱狂していたのだろうか。祭といえばこれしか記憶にないようである。

九代も続くからくり人形師

名古屋圏の祭を彩るからくり人形つきの山車の多くが江戸時代から明治初めにかけて製作されたものである。古いものでは二百年も昔の製作になる。現在新しく作れば、一輌二、三千万円はすると思われる。その費用を負担したのは、豪商や豪農、また町村の神社の氏子たちであった。祭を楽しむために町ごとが競い合うように精巧なからくり人形つきの山車を職人に注文したのである。

どうして名古屋圏にこんなにからくり人形つきの山車が集中的に存在しているのか。千田靖子によれば、江戸時代において名古屋は新興都市であったため進取の気性に富み、新しい技術が広まりやすかったこと、また飛騨・木曾を北方に控え、木材の良質なものを得やすく、また木工技術が蓄積されていたからである、という。からくり人形は江戸時代に京都・大阪で大名や豪商に愛好され、職人も多かったが、それが名古屋圏で大きく成長したものと思われる。濃尾平野の豊かな生産力がこのような娯楽を支えるだけの余剰を生み、尾張藩主徳川宗春の文化奨励策もこれを準備したのだろう。

現在、名古屋には、九代目玉屋庄兵衛というからくり人形師がいる。千田靖子『からくり人形師 玉屋庄兵衛伝』（中日出版社）によると、初代は京都の人らしく、江戸時代中期に名古屋の玉屋町（現在の中区錦）に移り住んだ。屋号はこれに因む。玉屋では代々技術を継承してきたが、一九二三年（大正十二年）生まれの七代目は戦中戦後の苦しい時代を乗り切るとともに、古い名品の復活にも力を尽くした。その努力の甲斐があり、一九八〇年代に入って、からくり人形は世界的な注目を浴びるようになった。その技を受け継いだのが八代目、そして現当主である。

物作り産業とからくり技術

名古屋は、その周辺地域まで含めて、日本を代表する物作り都市である。トヨタとその関連企業の自動車産業、オークマ、ヤマザキマザックなどの工作機械産業、ノリタケ、日本ガイシなどのセラミック産業がよく知られている。また、江戸時代から昭和戦後期まで繊維業も盛んであった。さらに、今ではほとんど忘れられているが、明治期から昭和戦後期まで時計製造業（掛け時計、置き時計などのクロック）も日本第一であり、十数社が技術を競い、海外にも多数輸出された。愛知時計、明治時計は、現在は精密機器、電子部品の会社となっているが、その社名に時計製造業であった由来がうかがえる。かつて製造されていた振子式の掛け時計は今も愛好家が多く、アンティークショップに並べられた時計の文字盤に愛知時計、明治時計の名を見ることができる（次ページ参照）。海外の骨董品店でも、愛知時計、明治時計は人気商品である。

さて、これらの産業のほとんどが実はからくり人形と関係している。物作りの技術が

明治時計製（澤田時計店提供）

愛知時計製（澤田時計店提供）

からくり人形の土壌になり、からくり人形の技術が物作り産業に生かされているのである。
この始まりは、三河地方の三河木綿であろう。

愛知県の東半分である三河は気候が温暖で、古くから木綿が栽培されていた。奈良時代から木綿栽培が続いていたとする説もあるが、にわかに信ずることはできない。もしそうなら平安時代には日本中に木綿が広がっていてもいいからである。奈良時代に木綿が日本に入っていたのは事実らしいが、珍奇な植物として一部の人に愛好されただけであり、産業としての木綿栽培があったという証拠はない。やはり柳田國男が『木綿以前の事』で言うように、南蛮貿易の頃に木綿が入り、日本中に広がったと考えた方が自然だろう。本来南方植物である木綿は、三河や大阪の河内など温暖な地で品種改良されながら産業植物として定着していった。木綿は、吸湿性に富んでいて肌触りが柔らかく、しかも丈夫で耐久力があり、庶民の日常着を作るのに最適の素材であった。

かくして三河地方は、戦国時代から江戸時代にかけて木綿の一大産地となった。当然、木綿を加工する織物業も盛んになる。これが当時の代表的な軽工業であった。織機は木製であったが、精密に作られていた。トヨタの創業者である豊田佐吉の生まれは静岡県西部の現・湖西市であり、この地も三河木綿の産業圏である。幕末の一八六七年（慶応三年）に生まれた佐吉は大工であったが、母の機織り仕事の労を省こうと自動織機の発明を志したと伝えられる。なにがしか美談仕立ての話だが、機織り作業を楽にしようとしたことは間違いのないところだろう。

注目すべきは、豊田佐吉が作った初期の織機は基本的に木製織機であったことである。まず一八九〇年（明治二十三年）に動力を使わない「木製人力織機」を発明している。これは伝統的「高機《たかはた》」とは違って、部分的ではあるが自動装置が工夫され、機織り作業の労力が大幅に軽減された。木材だけで堅牢精巧な機械を作ってしまったのである。その後、一八九六年（明治二十九年）には蒸気動力を使った「豊田式汽力織機」を発明する。これさえも鉄の部品は少なく、多くは木製部品であった。木材で工業機械を作る。この地方に蓄積された木工技術がいかに優れたものであったかがここからうかがえよう。この技術がからくり人形を作る技術と源を同じくすることは容易に想像できる。名古屋の時計産業も、柱時計が中心であったのは、その箱の部分が木工品だったからだろう。もちろん内部の機械部分は金属製だったが、からくりの技術の延長形として金属加工の技術も発達したと考えてよい。

静岡県西部の遠州地方は、やはり自動車産業、また楽器産業が盛んである。三河の木綿産業が東漸《とうぜん》してこの地の産業の地盤となったものである。

東海地域の物作り産業の土壌には、まず織物産業があり、木曾・飛騨の良質な木材とその加工技術があった。そして、それを祭の文化に転用したからくりつきの山車があったのである。

第七章　性信仰、性の祭

これもまた異様な名古屋本

名古屋の祭文化について、もう少し考察を続けよう。岩中祥史以外に、浅井得一という地理学者も『愛知県人と名古屋人』（玉川大学出版部、一九九五）という本で、名古屋の祭について論じているからである。

『愛知県人と名古屋県人』表紙

ところが、この本も、岩中本には一歩譲るが、相当異様な名古屋論の一冊である。いや、いくつもの大学で教授を歴任した正統的学者の著作であるだけに、かえって岩中本より異様さが目立つとさえ言える。

私がこの本を読んだのは、岩中祥史の名古屋本があまりにもひどいものばかりであきれかえっていた頃、たまたま書店の歴史書の棚で見かけたのがきっかけであった。

書名は時流便乗の名古屋本のように見えながら、版元はれっきとした大学の出版部である。奥付の著者紹介を見ると、大正二年（一九一三年）東京に生まれ、京都帝大で地理学を専攻したとある。著作も多く、明治大学、日本大学、玉川大学、国士舘大学の教授を歴任している。そして、日本地理教育学会の会長を二期務めた。これは信用できる本かなと思って手に取り、「はじめに」のページを読むと、大学で地理歴史の教員養成をするための教科書として同書を書いたとある。浅井得一が日本地理教育学会の会長を二期に亘って務めたというのもなるほどと思え、早速購入した。

浅井得一センセ。
こ〜んな顔なんです。

学者が大学の教科書用に書いた本には概してあまり面白いものがない。半面、地味ながら堅実にテーマをまとめて解説している。普通そういうものであり、そう思って読みだしたのだが、これがまた異様な本であった。

書名に反して、読めども読めども愛知県人・名古屋人の話にならないのである。第一章が「国民性と県民性新考」である。愛知県人や名古屋人について論じる前の概論として、国民性、民族性について話すというわけだろう。それはそれで重要ではあるが、支那が社会主義経済からの脱却を図っている話や中東の石油事情の話が延々と続く。

名古屋人論の本なのにはじめから半分がなぜか外国の話。

これが五十一ページまで続いてやっと終わり、やれやれと思ったら、第二章が「アメリカ人の国民性と州民性について」である。アメリカ合衆国を構成する五十州すべてについて、白人と黒人の人口構成比やら、民主党と共和党の支持率やらが、これまた延々と記述されている。愛知県にも名古屋にも少数ながら白人住民も黒人住民もいるにはいるだろうが、名古屋人の県民性を論じるにあたって黒人論・白人論がさほど重要とは思えない。民主党と共和党の支持率は更に関係がない。しかし、これが四十七ページも続くのである。

『愛知県人と名古屋人』と題したこの本は全二百十七

ページである。そのほぼ半分を占めるのが、支那の経済改革や中東の石油事情の話、そしてアメリカのミズーリ州には黒人が四七・五パーセントいるとかカンザス州では大統領選の共和党の得票率が三九パーセントあるとかいった話である。全体の半分がすんでようやく愛知県人論・名古屋人論に入るのだ。その愛知県人論・名古屋人論についてはは後で検討するとして、この本の終わりの部分でまた驚いた。それと同時にかえって納得した。岩中祥史のトンデモ本『中国人と名古屋人』に言及し、要約引用しているのだ。そんなことだろうと思ったぜ。

引用は次の通りである。

岩中祥史『中国人と名古屋人』（はまの出版、一九九五年）という本も出ている。岩中は名古屋人で、長野県生まれの丸山一昭と共著で、『不思議の国の信州人』（KKベストセラーズ、一九九四年）という本を出しているが、中国人と名古屋人の共通点として、シビアな金銭感覚、お年寄り・先祖を大切にする。何よりコネが物を言う。恩も怨みもけっして忘れない、「あきらめ」の思想、万事にのんびりしている、公徳心に乏しい、結婚式にお金をかけるの八つを、挙げている。私は知らなかったが、内村鑑三（一八六一―一九三〇）も、ある原稿で「中国人」と「名古屋人」とを二つ並べて、ここまで言っていいのかと思えるほど、名古屋人をこきおろしていると、岩中は紹介している。

日本地理教育学会会長まで務めた大学教授が、岩中祥史の挙げる支那人と名古屋人の八項目の共通点が相矛盾すると考えもしない。「恩も怨みも決して忘れない」人たちが、「あきらめの思想」をどうして持っているのだろう。そして、何よりも驚くのは、大正生まれで戦争体験もある大学教授が、内村鑑三の言う「中国人」とは支那人のことではなく、広島人、山口人のはずだが、と疑問にも思わなかったことである。

この『愛知県人と名古屋人』は、恐ろしいことに、大学の地理教育学の教科書である。こんな教科書で学んだ学生たちが教員免許を取り、全国の中学・高校の地理教師になるのである。保守派の批判する日教組の左翼偏向教育や革新派の批判する文科省の愛国教育とはまた別の重大な問題が、社会科の教育にあるような気がする。

数多く残る「珍しい奇妙な祭り」？

浅井得一『愛知県人と名古屋人』は一冊の残り半分になってやっと愛知県人と名古屋人の県民性の話に入る。しかし、そのうちの二十六ページが大東亜戦争の兵団の話である。大阪の第八連隊は「またも負けたか八連隊」と揶揄されたように弱かったと言われる。このように兵団には県民性がよく出るので、兵団の行動や戦闘実績を詳しく論じる、というわけである。

確かに、そういえばそうでもあろう。かくして、名古屋師団がどうとか、宇都宮師団がどうとか、京都師団がどうとか、果ては、インパール作戦がいかに無謀な戦いであったかという話が何ページも展開される。インパール作戦が無謀であったのはその通りではあるのだが、しかし、名古屋人の県民性なるものとインパール作戦に何の関係があるのだろう。作戦指導者の牟田口廉也中将は佐賀県人だし、部隊に名古屋人が多かったというわけでもない。

『愛知県人と名古屋人』は前半分が、支那や中東やアメリカの話、後半分のうち四分の一が兵団やインパール作戦の話という、なんだかすごい地理教育学の本である。

さて、やっと名古屋の祭である。

浅井得一は、名古屋の祭について、樋口清之の『出身県でわかる日本人診断』を引用する。

樋口清之とは、四十数年ほど前、『梅干と日本刀』という通俗日本人論で一発当てた民俗学者である。日本の伝統食品である乾椎茸などの乾物《かんぶつ》類は日光の赤外線の利用だとか（紫外線に決まっているではないか）、足袋《たび》のつま先に唐辛子を入れて霜焼け予防をするのはビタミンAの働きだとか（カプサイシンに決まっているではないか）、珍説に満ちた日本文化論であった。その樋口が県民性を論じた本が『出身県でわかる日本人診断』である。そして、これを引用して県民性を論じる地理教育学会会長が浅井得一である。

もう先が分かったような話だが、それでも批判しておこう。これは少し大きなテーマにつながるからである。

浅井得一が師団と県民性について考える一例に、名古屋師団（第十五師団）の文字符の「祭」がある。各師団には、番号の他に、一種の通称として漢字一字か二字の文字符がついていた。当然ながら、文字符は、強そうなもの、郷土に因むもの、縁起の良いものである。名古屋師団はそれが「祭」であった。浅井はこれについて、樋口清之を引用して、こう書く。

〔名古屋師団の文字符である〕「祭」（第一五師団）については、樋口清之が『出身県でわかる日本人診断』の愛知県の部の冒頭に、愛知県には日本でもいまは珍しい奇妙な祭りが数多く、しかも公然と残っている。これは県民性の一部とつながりをもっているとして、愛知県の各地で、小牧市の「豊年祭り」（へのこ祭り）と「おそそ祭り」などを代表とする原始性器崇拝の信仰が、二〇世紀も終わりに近づいた文明国日本に、いまもおこなわれている——と書いているが、これが「祭」の文字符のいわれとすると、なかなか味があるが、どうであろうか。

樋口清之にもあきれるし、それを例によって何の疑問も持たず引用して「どうであろうか」と得意気な浅井得一にもあきれる。近代的軍隊の師団の通称符号の由来に「原始性器崇拝の信仰」があると考える学者こそ「どうであろうか」。

優れた戦記文学を残している伊藤桂一は『諸君』二〇〇七年九月号のインタビュー記

事の中で、こう語っている。

姫路で編成された第一一〇師団は「鷺」。姫路城が白鷺城と呼ばれたからでしょうね。大阪の第四師団の「淀」は淀川でしょう。第一五師団は名古屋で編成されたけれど、京都の兵が多かった。「祭」とついているのは、やっぱり祇園祭からかなぁ。

伊藤桂一の説は、推測ではあるが、そうかもしれない。あるいは、織田信長が桶狭間の戦いに臨み戦勝祈願した熱田神宮の祭なのかもしれない。しかし、名古屋にあるさまざまな祭の中で、わざわざ性器信仰の祭に因んで師団の名前をつけるはずはないだろう。

さて、次には、この性器信仰の祭が本当に愛知県にのみ「数多く」残り、しかも本当に愛知県でのみ「公然と」残り、本当に「県民性の一部とつながりをもつ」のか、検討してみよう。

豊穣儀礼と祖霊信仰

名古屋から八キロほど北へ行った小牧市に田縣《たがた》神社、その隣の犬山市に大縣《おおあがた》神社がある。田縣神社では男性器を祀り、本殿や境内には石や木で作られた男性器が多数奉納されている。大縣神社では女性器を祀り、こちらは石や木の女性器が奉納されている。どちらも全国的に有名であるが、性器を祀る神社であるために好奇心を喚起しやすく、偏見の対象ともなる。毎年三月十五日に行なわれる田縣神社の「豊年祭《ほうねんまつり》」の時には、その度に新しく作った巨大な檜《ひのき》製の男根を載せた神輿を御旅所から担ぎ出し、奉納する。奇祭といえば奇祭であるから、祭は大変に賑わうが、その本義は、豊年祭という名前からも分かるように、五穀豊穣《ごこくほうじょう》を予祝《よしゅく》するものである。また子宝に恵まれて子孫が殖え一族が繁栄するよう祈願する、という意味も当然ある。

神社では、この祭は千二百年前の書物にある故事に基づくとしているけれど、この種の民間信仰が神社や寺院の祭に組み込まれるのは中世以来のことが多い。むろん、それでも六百年や七百年の伝統はあることになる。古いものであることに間違いはない。し

田縣神社・豊年祭

大縣神社に献納されている
女性器の形をした自然石「姫石」。

かし、巨大な男根を担いで町を練り歩くのはさほど古いことではなく、ここ半世紀、戦後の風習である。それまでも、御神体は男根であったし、祭事も行なわれたけれど、これほど大げさにはしなかったらしい。

それはともかく、こういった形態の祭礼は、愛知県にのみ多数かつ公然と残っているわけではない。有名なものを一つだけ挙げれば、神奈川県川崎市にある若宮八幡宮の境内社、金山神社の「かなまら祭」がある。この祭でも、巨大な男根の神輿が町を練り歩き、やはり外国人観光客を含む何万人という人々が集まる。この男根の神輿も比較的新しいものである。川崎市は、東京と横浜の間にある人口百四十万人の近代的大都市である。そこにこんな祭が公然と残っている。もちろん、川崎市や神奈川県の県民性と何のつながりもあるはずがない。

この他に、性器そのものを強調するわけではないが、性交を表すしぐさを演じる祭も多い。奈良県の飛鳥坐神社《あすかにいますじんじゃ》の「御田祭《おんだまつり》」では男女和合を意味する所作《しょさ》が行なわれる。豊作と子孫繁栄を願うものである。

これら豊穣儀礼とは少し違う性器信仰も日本中至るところで無数に見られる。宗教民俗学者五来重《ごらいしげる》は『石の宗教』などで極めて興味深い指摘をしている。街道ばたにある石

川崎市金山神社・かなまら祭

東京上野不忍池の石地蔵

『石の宗教』より

柱、石塔は男性器を象《かたど》ったものであり、祖先や祖霊を意味しているというのである（前ページ参照）。石地蔵も多くはこれである。東京上野公園の不忍池のほとりに立つ石地蔵が男根形であることはよく知られている（前ページ参照）。これら、祖霊を意味する男根形の石柱類は、魔物を退ける「辟邪《へきじゃ》」の役割を果たす。街道、四つ辻に多く見られることからもそれはわかるだろう。邪悪な魔物は道の向こうから村落にやって来るからである。

直接的に信仰と関係はない例も挙げておこう。男女和合、一族繁栄の願望は、あえて信仰と呼ぶほどではない習俗の中にも観察できる。

神戸灘の「剣菱」は開業以来五百年にもなる老舗の銘酒で、江戸時代後期の儒家で漢詩人の頼山陽《らいさんよう》も愛飲したことで知られる。現在でも根強い愛好家は多く、酒壜のラベルについた商標の美しさも人気を支える一因となっている。伝統的デザインながらモダンな力強さも感じさせるこの商標は、剣と菱を組み合わせたものだが、同時に男性器と女性器をシンプルに図像化したものでもある。婚礼の宴席だろうと紅灯の巷であろうと、酒席は男女和合が付きものだから、それに因んだものである。「文明国日本」で酒の商標に「原始性信仰」の図像がデザインされていて、何の問題もない。つまり性器信仰は

歓喜仏（アフロ）

銘酒「剣菱」

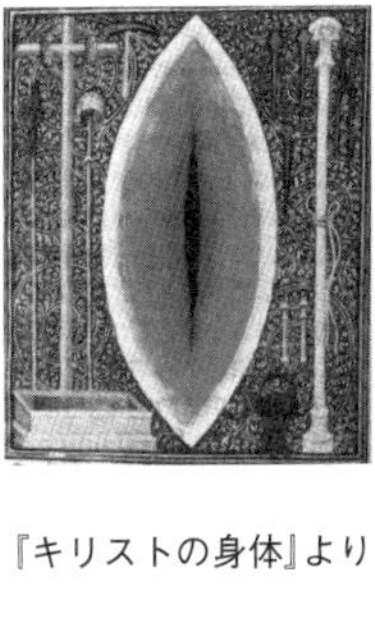

『キリストの身体』より

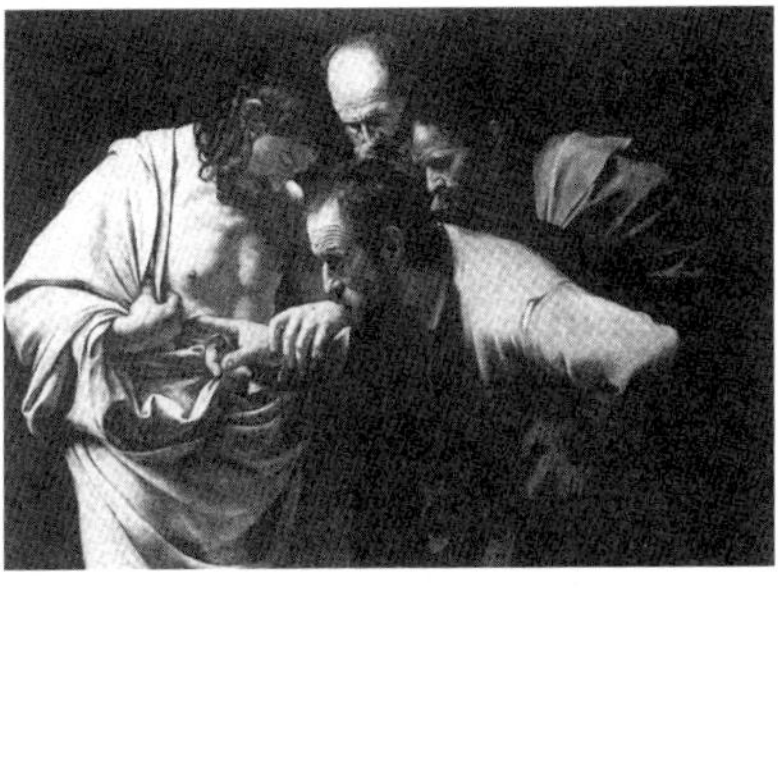

日本中に多数かつ公然と存在している、と言っていいだろう。そうである以上、愛知県人の「県民性とつながりをもつ」はずがないのである。

さらに言えば、こうした性信仰、性器信仰は、日本の民間信仰に特有のものではない。世界中に広く見られる。東南アジアのヒンドゥー教文化に性器はしばしば描かれるし、大乗仏教の一種であるチベット密教には、男女が性交している「歓喜仏《かんぎぶつ》」の仏像がある（前ページ参照）。日本の仏教にはこれが「お聖天様」として入っている。

キリスト教にはそのようなものがないように思えるが、そうではない。美術史家岡田《おかだ》温司《あつし》の『キリストの身体』には、性器、性交を暗示する聖画がいくつも取り上げられている（前ページ参照）。イエスは十字架上で刺殺されるのだが、その刺し傷は人間の罪の贖いの象徴とされるようになる。後世の聖職者の体にこの刺し傷と同じ「聖痕」が出現することもあったという。しかし、イエスを描いた聖画には、刺し傷が女陰に見えるものやさらにはその女陰状の刺し傷に弟子が指を突っ込んでいるものさえある。

性器信仰は愛知県にのみ多数あるわけではなく、日本中に無数にある。そして、日本だけではなく世界中に広く見られる。これについて全く何も知らないまま、得意気に県民性を論じる民俗学者、地理学者がいることに、現代の知の頽廃がよく現れている。

第八章　「名古屋めし」とは何か

地方独自の食文化

名古屋の食といえば……海老フライ。と思う人は今ではむしろ少なくなった。事実、そんな統計結果は出ていない。名古屋人は海老フリャーが好きと言い出したのは、タレントのタモリである。一九八〇年前後、ブラックユーモア芸でその人気が全国に広がった頃のことである。海老フライごときをご馳走だと思って喜んで食っている名古屋人、という差別ギャグであった。

海老フライはどこの地方の名物でもなく、日本全国で広く好まれている。さほど高価ではなく、その割りにはちょっとしたメインディッシュという感じもあり、家族連れで入る町のレストランなどの人気メニューである。小市民的贅沢といった料理がギャグのネタとするのに最適であった。

名古屋人が好むとしたところもなかなかうまかった。失業率の高いさびれた地方都市を差別ギャグでからかったら大問題になるし、被差別部落の食習慣や在日朝鮮人の民族食をからかったらこれも大問題になる。苦情が来ないところをうまく狙ったのは、タモリがこうした事情に通じていたからだろう。人権啓発の偽善性を強く感じていたことが良識を挑発する名古屋差別ギャグにつながったのかもしれない。いずれにしても、苛烈な差別糾弾運動を展開していた部落解放同盟がタモリを批判したことは一度もなかった。両者の間に何か特別な事情があるのかもしれない。

さて、このように名古屋人海老フライ好物説は虚構なのだが、名古屋のレストランではこれを逆手にとって名古屋名物と謳《うた》うようになった。なかなかたくましい商魂である。しかし、そんな商魂にもかかわらず、名古屋で海老の消費量が増えたという話は聞かない。考えてみれば当然だろう。海老フライはどこで食ったって料理法も味付けも大きくは違っていないからである。

これと似ているのが、名古屋名物ういろうである。ういろうは漢字で書けば「外郎」。「ういろう」と読むのは唐音によるものである。本来これは、口中清涼の漢方薬の一種であった。鎌倉時代に来日した元《げん》の人、陳外郎が伝えたとされるが、架空の人物だとす

「東海道五十三駅狂画　小田原」(豊橋市二川宿本陣資料館蔵)

ポリフィルム入りのういろう

る説もある。いずれにせよ、この漢方薬は広く親しまれた。江戸時代以降、これに色や形が似た餅菓子をういろうと呼ぶようになった。しかし、この菓子の基本は餅米の粉に甘味をつけて蒸すだけである。ある地方の独特の材料を使うわけではなく、とりたてて秘伝秘法があるというわけでもない。大福餅や最中と同じように、全国どこにでもういろうはある。有名なのは、名古屋、山口、伊勢、小田原などだが、結局は宣伝が上手な所の名物となった。

小田原のういろうに至っては、そもそも餅菓子のういろうのことではなかった。小田原の宿場では漢方薬の外郎を売り歩く「外郎売り」が名物（前ページ参照）で、歌舞伎などにも取り上げられている。それに因んで小田原はういろうの本場だと言い出したものである。名古屋のういろうも、戦後、地場の製菓会社、青柳ういろう、大須ういろ（「大須ういろ」は商品名）が、ラジオ、テレビで大々的に宣伝を始めて名物と思われるようになった。ポリフィルムに充填して日持ちをよくする製法も全国展開を可能にした。ポリフィルムなどというものが現れるのは戦後十年以上過ぎてからのことで、逆に名物として新しいことを証明している。

鰻の「ひつまぶし」は、これは名古屋発祥である。しかし、これも歴史は古くない。

ひつまぶしは、鰻の蒲焼きを刻み、葱や海苔などの薬味を載せ、ご飯と混ぜて食べる料理である。半分ほど食べて残りを鰻茶漬けにもする。これが小型のおひつに入れて供されるので「ひつまぶし」である。「まぶし」は大阪の「まむし」と同原で、ご飯に鰻がまぶしてあるからだ。

ひつまぶしは、何軒かの有名店が本家を自称していて、そのあたりの真相はよく分からないが、戦前期に始まったものらしい。商品にならないような鰻の切れ端を活用して、安く提供していたのだという。今では上等の鰻の蒲焼きをわざわざ刻むが、これはステーキ用の牛肉で牛丼や肉じゃがを作るようなもので、けっこう贅沢な料理になった。それでも鰻料理としては比較的安いし、味もよいので、東京や大阪にも広がっている。

味噌の原形、大豆だけで作る赤味噌

伝統的な名古屋独自の食文化というと、赤味噌を使った料理だろう。その中には、やはり歴史が新しく、戦後始まったものもいくつかあるのだが、赤味噌自体は名古屋圏で古くから作られてきた。

味噌に限らず、保存が効き風味も増す発酵食品は、文明の始まりとともに世界中でさまざまに作られてきた。酒、酢、漬物、ヨーグルトなどが、そうである。

味噌は蒸した大豆に塩を加えて発酵させるのだが、そのほかに米や麦を混ぜる場合もある。前田利家『味噌のふるさと』（古今書院、一九八六）によれば、大豆を主原料とする味噌は東アジアに起原があり、それが味噌の原形であるという。味噌は大きく二つに分かれる。大豆だけの味噌が赤味噌であり、これに米麹が加わるほど白くなる。赤味噌は大豆の蛋白質によってコクのある旨味と幾分かの渋味を含むようになる。白味噌は米の澱粉質により甘く仕上がる。

大豆と塩だけで作る赤味噌は味噌の原形である。それが名古屋圏でずっと保持されてきた。有名なのは、岡崎の八丁味噌だが、それ以外にも名古屋圏にはいくつも味噌蔵がある。言わば「地味噌」である。手前味噌という言葉があるぐらいで、同じ赤味噌でありながら全部味が違っている。私は渋味が少ない知多の「傳右衛門《でんえもん》みそ」を愛用している。歌手でタレントのデーモン閣下を使って「デーモンみそ」のコマーシャルをやったらいいのではないかと思っているほどだ。

名古屋圏で赤味噌が続いた理由はよく分からない。首都圏ではここ数十年で信州系の合わせ味噌が強くなった。赤味噌と白味噌を調合した味噌だ。関東大震災と大東亜戦争の空襲で東京の地味噌が壊滅状態になり、そこに信州味噌が入ったと言われる。しかし、東京人がそれまでの味覚を容易に変えてしまった理由がこれまた分からない。

名古屋圏には赤味噌を使わなければならない料理がある。味噌カツではない。これについてはすぐ後で述べるとして、「鮒味噌」である。鮒味噌は、名古屋圏でも西よりの水郷地帯の郷土料理である。水郷地帯では、鮒などの淡水魚を食べる。淡水魚は匂いが強く、小骨が多い。これを酒や味醂とともに赤味噌で長時間煮込むと、匂いが取れ、小骨も柔らかくなり、丸ごと食べられる。

鮒味噌に赤味噌を使うのは、赤味噌はコクがあり、長時間煮込んでも味噌の香りが飛ばないからである。くせのある食材を煮込むのに最適の調味料なのだ。これが実は味噌カツにつながる。

現在、名古屋のレストランで味噌カツとして出されるものは、トンカツに味噌だれをかけたものである。こういうトンカツの食い方は歴史が新しい。ここ三十年ばかりで広まった食習慣である。それまでは全国どこでもあるようにソースをかけていた。ただ、屋台の串カツだけは違っていた。

一九七〇年代の初めに規制されてしまったが、それまでは名古屋中に屋台店があった。名古屋駅、栄、今池、金山など繁華街は言うまでもなく、国鉄や名鉄のちょっとした駅の周辺にも屋台店が並んでいた。それらはほとんどがモツ煮込みと串カツを客に出していた。

モツ煮込みは、食材のクセを消すため、生姜やにんにくとともに赤味噌で煮込んであった。この味噌だれは、毎日使うにつれてモツの旨味も溶け込み、複雑玄妙な味になってゆく。モツ煮込み鍋のすぐ隣には揚げ鍋があり、串カツが次々に揚がっている。手前のバットにはソースが張ってあるけれど、通《つう》の客は串カツをソースのバットには入れない。モツ鍋に突っ込み味噌だれをつけて食べるのである。これが本来の味噌カツである。昨今の甘めの味噌だれのかかった味噌カツとは違って、酒に合う、ややマッチョな味がする味噌カツであった。

「味処 叶」の味噌カツ丼

今風の軟弱な味噌カツはじわじわと名古屋圏以外にも広がりつつある。しかし、まだ名古屋圏にしかない、というより私が知る限り名古屋に一軒しかないのが味噌カツ丼の店である。中区栄の証券取引所の裏にある「叶《かのう》」だ。これは、名古屋伝統の味を守り続けているのではなく、東京浅草出身のご主人が戦後名古屋に来て考案した新料理である。

喫茶店と抹茶

名古屋には二つのお茶文化がある。どうもこの二つは関係があるような気がするが、詳しいことは私もまだ調べていない。

二つのお茶のうち、一つが喫茶店である。お茶といっても実際に飲むのはコーヒーであることが多い。

この十年ほど、東京圏では従来型の喫茶店が次々に廃業している。人件費、店舗費がかさむからである。その分、経営効率のよいチェーン店型の喫茶店は増えている。しかし、名古屋圏では、地域密着型の喫茶店が根強く残っている。その多くが、モーニングセットやコーヒーのつまみなどのサービスに力を入れている。この商風習は、名古屋の北西にある一宮市で始まった。一宮市は一九七〇年代初めまでは織物産業が盛んで、大小の工場がたくさんあった。そこで働く人たちが、コーヒーとともに軽く朝食をとるのがモーニングサービスの始まりであった。ヨーロッパの田舎町のカフェもそんな感じである。地域密着の家庭的サービスで常連客の心をつかむわけである。

もう一つのお茶が、抹茶である。

都としての歴史が長く、寺も多い京都なら、茶道が盛んなのもよく分かる。茶道具を扱う店も、お茶菓子の店も、由緒あるものが多い。しかし、名古屋はそうではないにもかかわらず、抹茶を飲む風習が庶民の間にも普及している。ただし、それは堅苦しい作法は問わず、茶道具もお茶菓子も安物である。昔は農作業の合間に畦道でお茶を立てて飲むようなこともあったようで、こうした庶民のお茶を「野良茶」と呼んだ。都市化が進んだ現在でも、ちょっとした来客に抹茶を立てて奨める家は多い。名古屋圏では郡部にも和菓子屋が必ず一軒や二軒はある。安物の饅頭ぐらいしか置いてないけれど、抹茶のお茶受け用として需要があるからだ。因みに、名古屋の南東にある西尾市は、京都宇治や静岡を抜いて、実は抹茶の生産高が日本一である。

第九章　「名古屋の嫁入り」は派手か

名古屋以外の嫁入りは派手ではないのか

名古屋の嫁入りは派手だと言われる。結婚式の演出が派手かどうかではなく、嫁入りという行事全体に多額のお金をかけるという意味である。誰が、いつ頃、どこと比較して、何を根拠に、そう言い出したのか、はっきりしないが、何となくそう言われている。現実にそうであろうとなかろうと、一度そうだとなると情報の自己増殖が起きる。これを助長しているのが、日本で唯一人の県民性評論家岩中祥史である。それを無定見のマスコミが取り上げ、そうだそうだということになり、ますますそれが広がる。こういった現象は、別に名古屋の嫁入りに限らず、あらゆることに観察できる「俗論形成」である。

実際、銀行や保険会社や情報誌などが行なう消費動向のアンケート調査を見ても、名古屋の嫁入りが特に派手だという結果は出ていない。

結婚情報誌『ゼクシィ』（リクルート）の二〇一一年の調査は全国から十一地域を選んで、結婚に関わる費用などの項目別アンケートを集計している。これによると、一位に挙がるのは、新潟、北陸、九州、首都圏であり、最下位はほとんど北海道である。この中で、名古屋を中核とする東海地方（愛知・岐阜・三重）は挙式・披露宴の平均総額でいえば第七位である。要するに「名古屋の結婚式」のお金のかけ方は全国の中間ぐらいだということになる。過去の類似の調査でも、北陸や九州が結婚式にお金をかける地方だという結果が出ている。

これらの調査結果は、冷静に考えてみれば納得できるものである。

首都圏が上位に挙がるのは、意外なようで意外ではない。まず、東京の方が他の地域よりホテルや結婚式場などの費用が高い。また、大企業の経営者一族など富裕層の多くは首都圏に住んでいる。結婚式は豪華になり、必然的に上位に入ることになる。

北陸や九州は血縁・地縁社会が生きている。反対に、北海道は明治以後内地から移住した人が多く、血縁・地縁の結びつきが弱い。結婚は男女二人が結びつくことであるのだが、家族を形成して社会全体とつながることでもある。そうであれば、血縁・地縁のつながりも、好むと好まざるとにかかわらず、無視できない。結婚式など冠婚葬祭は一族や地域の行事という側面も持っている。そのため、血縁・地縁のつながりが強いところでは結婚式にお金をかけることになる。『ゼクシィ』などの調査結果はこうした社会事情を反映していると言えよう。

それでも、結婚式に伴う行事が名古屋では他の地方では見られぬほど派手だと言う人がいる。

一つは、嫁入り道具の豪華さを近隣に「お披露目」して誇示する風習である。これについて、例によって岩中祥史はあちこちで蛮族の奇習ででもあるかのように、これでもかこれでもかと書いている。『名古屋学』からほんの一節だけ引用しておく。

名古屋では、娘を嫁に送り出すとき、嫁入り道具を一度（家具屋やデパートなどから）実家に全部運び込ませる。それだけではない。お披露目といって、運び込んだ嫁入り道具を、ご近所の皆様方に一点一点披露するならわしがあるのだ。

この嫁入り道具のお披露目は、最近では都市化が進みよほどの旧家でなければ見なくなったが、昭和三十年代までは珍しくなかった。名古屋だけではない。全国でである。
岩波文庫に『日本民謡集』（町田嘉章・浅野建二編）という一冊がある。主編者の町田嘉章（筆名に「佳聲」を使うこともあった）は民謡研究の先達で、全国を巡って民謡を五線紙に採譜した。この本では民謡の成立背景も解説してある。ここに収録してある宮城県の民謡「長持唄」を解説とともに紹介しよう。

蝶よ花よと育てた娘　今日は他人の手に渡る
箪笥《たんす》長持《ながもち》七棹《ななさお》八棹《やさお》　あとのお荷物馬で来る
箪笥長持嫁もろともに　二度と返すな古里に

大切に育てた娘が今日の晴れの日に嫁ぎ先の家の人になる。嬉しいような寂しいような複雑な親の心境が歌われた婚礼歌である。この歌は「長持唄」という題からも分かるように、婚礼歌の中でも嫁入り道具を運び込む「婚礼道中唄」に分類される。解説にはこうある。

嫁の調度品を聟《むこ》の家に運び込む時に歌われる婚礼道中唄で、通常、ノド自慢の若者が〔嫁側・聟側〕双方から一人宛選ばれて歌うもの。歌詞は全国共通のものが多く、歌う文句と場所とが定まっていて応答挨拶代りに歌われる。

また、この一首ずつについて次のような注釈がある。

〔蝶よ花よの歌は〕婚家附近の歌
〔あとの二首は〕婚家に着いた時の歌

婚礼の歌にもいくつもの慣習上の決まりがあることが分かる。そして、嫁入り道具が「箪笥長持七棹八棹」にもおよび、それでも足りない分が「あとのお荷物馬で来る」ことも分かる。里方から嫁ぎ先まで道々歌を歌って嫁入り道具を「お披露目」しながら練り歩くのだ。この歌は宮城県の「長持唄」ではあるが、「歌詞は全国共通のものが多い」。日本全国で同じような婚礼道中が行なわれたのである。

「名古屋の嫁入り」なるものは、別に名古屋特有の珍しい嫁入り習俗ではない。昭和三十年代までは全国で見られた。東京などでは住環境や交通事情が激変し、婚礼道中唄を歌いながら里方から嫁ぎ先まで練り歩くことが早くから廃れた。しかし、名古屋は一戸建ての住まいも多く、こうした嫁入り風習が比較的最近まで残ったのである。

名古屋以外に「花盗み」はないのか

我々はある地方の習俗を、良きにつけ悪しきにつけ、その地方特有のものと思いがちである。良いと思えるものはお国自慢の種となり、悪いと思えるものは嘲笑や卑下の対象となる。しかし、それが本当にその地方特有の習俗なのかどうか、他の地方に同じ習俗はないのか、系統や起原はどうなのか、考える人は多くない。そのすき間に登場するのが県民性評論家である。

二〇〇七年七月六日付け朝日新聞（名古屋本社版）に次のような記事が載った。

「俵争奪　待ったなし

観客、『花泥棒』をまねる?」

本文には、大相撲名古屋場所で千秋楽終了直後に見られる「名古屋らしい風習」として、土俵の俵を奪い合うようにして持ち去る風習が紹介され、この風習の由来として次のように書かれている。

「名古屋には『花泥棒』と呼ばれる風習がある。開店祝いの花輪や花台から、通りすがりの人たちが花を勝手に持ち帰る。名古屋独特の『文化』とも言われる」

確かに、特に下町の商店などの開店祝いの花輪から花を抜き取る風景は時々見かけるし、商店の側でも「さあ、持ってってよ」などと呼び込みをしたり、店主自ら花を抜き取って手渡ししたりするのを見たこともある。しかし、これは記事の言うような「名古屋独特の文化」なのだろうか。また、これにはどういう意味があるのだろうか。この種の記事にしばしばコメンテーターとしてお呼びがかかるのは、言わずと知れた岩中祥史である。ここでは「名古屋らしさ象徴」と小見出しして、次のように解説している。

「名古屋学」の著者で出版プロデューサーの岩中祥史さんの話　名古屋の人は基本的にただでもらえるものが大好き。土俵の俵は縁起がいいこともあって奪い合いになるのでは。花泥棒と同じく名古屋らしさを象徴している。

岩中祥史の肩書きが異常に長い。コメント全文の四分の一以上にもなる。聞き慣れない「出版プロデューサー」では何だかよく分からないから、著作名を入れたのだろうか。しかし、この肩書きだと、名古屋についての学術的な研究著作があるのみならず、出版界ではプロデュースに関わる仕事もしている実力者という印象を与える。名古屋についてトンデモ本を書き散らし、細木数子の占い本を何冊も下請け編集した編プロ社長だとは、出版事情に疎い普通の読者には分からない。訪問販売の消火器屋が「消防署の方から来ました」と名乗るようなものである。言葉の上では嘘ではないが、実質は大違いである。

肩書きのことはさておき、岩中祥史のコメントである。「名古屋の人は基本的にただでもらえるものが大好き」とあるが、「基本的にただでもらえるものが大嫌い」な人ってどこの地方の人だろう。そんな人がたくさん住んでいる地方があるのだろうか。普通、何かアブナイものでなければ、ただでもらえるものは誰でも好きなのである。だからこそ、東京でも大阪でも福岡でも仙台でも、もちろん名古屋でも、繁華街の路上で広告入りのティッシュペーパーや薬の試供品をただで配っている。「土俵の俵は縁起がいい」のは後述するように大筋では当たっているが、そうであるなら、これを「ただでもらう」ことは別段「名古屋らしさを象徴している」ことにはならない。

実は記事の本文には、注意して読むとこんなことも書かれている。

「〔土俵の俵を観客が持ち帰る〕光景は九州場所や地方巡業などでも見られるが、名古屋ほどの激しさはないという」

他の地方でもあるにはあると、やや言い訳めいた一節が挿入されている。しかし、これこそが重要な視点であろう。

まず、「花盗み」について検討してみよう。岩中祥史は『名古屋人と日本人』や『名古屋の品格』でも「こうした行動の底にはやはり、一円たりとも無駄な出費はしないという〔名古屋人の〕習慣・習性がある」と、例によって二重三重にでたらめな県民性論を開陳している。

第一、そもそもこれは全国で見られる風習である。『週刊新潮』二〇〇五年四月二十八日号に、こんな記事が出ている。

開店祝いの花

開店祝いに飾った生花を客が持ち去る風習が、各地で物議をかもしている。札幌で開店した紀伊國屋書店の花輪はその日のうちに丸坊主に。多くのお客様が来てくれたということと店側は歓迎し、愛知、大阪、九州などでも一種の商慣習として定着しているが、華道が盛んな金沢では、作家が活ける芸術的な生花もあり、〝外来の風習〟に渋い顔をする店が多い。

花盗みは、一種の縁起ものとして慶事を共同体がともに祝う風習で、実は全国的に見られるのだ。血縁・地縁意識の薄い北海道の、それも大都市札幌の、しかも近代的知識層を主な客とする大型書店の開店の花輪に、伝統的習俗が生き残っていることは、むしろ感動的でさえある。

結婚式の時の「菓子撒き」や家を新築する際の棟上げ式（「建前」とも言う）での「餅撒き」も、慶事を共同体がともに祝う風習である。菓子撒きも餅撒きも昭和三十年代までは全国で広く見られたが、現在ではほとんど廃れた。

共同体が慶事を祝してともに飲み食いすることは古くから世界中に見られる。昨今では「討論会」のことを「シンポジウム」と言うことが多くなったが、これの原義は「饗宴」である。「饗」は「もてなす、ご馳走する」、「宴」は「酒食の会」。酒食をともにし

長滝白山神社の「花奪い祭」

談論風発するのが本来のシンポジウムである。古代ギリシャの哲学者プラトンに『饗宴』という著作がある。原題はsymposium（convivium）で「酒食をともにすること」。演劇大会の優勝祝賀会の饗宴における議論の形で哲学が語られている。この本来のシンポジウムも共同体における慶事の共有であった。

花を奪い合うということでは、文字通り「花奪《はなば》い」という神事が年の初めの一月六日に岐阜県郡上市の長滝白山神社で行なわれる。椿や桜などの飾られた花笠が拝殿土間の天井から吊るされ、それを地域の若者が人梯《じんてい》を組み飛びついて奪い合うのだ。奪い合った花は豊作や無病息災などの縁起ものとなる。これと類似の祭は日本中にいくつもある。

相撲が本来神事の性格を持つものである以上、土俵の俵を縁起ものとして奪い合うことは奇異なことではない。ただのものが好きか嫌いかとはむろん関係ないし、名古屋らしいわけでもない。これを名古屋らしさの発露だとするのは、名古屋学の第一人者（というより一人しかいない）で出版プロデューサー（という不思議な自称を名乗る）岩中祥史があまりにも無知であるからにすぎない。

とはいうものの、花盗みの風習が「物議をかもしている」（ただし「各地で」）意味は文明論として考察してみる必要があるだろう。ここには伝統社会と近代社会の相克が現れているからである。

近代社会は、法治社会であり、契約社会であり、貨幣経済社会である。「花盗み」や「饗宴」は、法治にも契約にも貨幣経済にもなじまない。我々が近代社会の原理を絶対的真理として教えられている以上、伝統的神事は必然的に奇異なものと映ることになる。しかし、我々が近代社会のモデルと思い込まされている欧米社会でも、実は同じような伝統と近代の相克がある。

最近日本にも意味不明のまま流行しつつあるハロウィーン（十月三十一日）の夜、アメリカでは子供たちが仮装して近所の家々を巡り、Trick or treat ?（悪戯されたくなければ、お菓子をくれ）と言ってお菓子をねだる風習がある。しかし、これは近代社会の原理にとって明らかに異物である。契約関係もなく、貨幣の対価もなく、法的根拠もない「不当な要求」である。近代人であれば、そんな無法に屈する必要はない。アメリカでは近代的市民の武装権として広く銃器の所持が認められている。夜間不法な要求を掲げて町を徘徊する連中は無条件に射殺されて当然だということにもなる。事実、ハロウィーンの時期にこうした射殺事件がしばしば起きているのだ。花盗みについて議論するなら、こうした文明論的視点も不可欠となるだろう。

第十章　名古屋の言葉

方言とはどのような言語なのか

名古屋方言（名古屋弁）についても考えてみたい。これに関しては、個々の単語や言い回しより方言そのものについての基本知識が必要である。方言という言語現象についての無知がでたらめな方言論を横行させているからだ。

私が学生だった頃、こんなことがあった。

私は夏休みか何かで帰省し、実家で母とテレビの前にいた。テレビはどこかの寺の境内の池を映し出している。住職が池に手を入れると、美しい錦鯉が何匹も寄って来て住職の手にじゃれつくようにくるくると回った。住職が毎日手ずから餌をやっているので、まるで犬や猫のようになついて戯れるのである。

母はそれを見て

「あれ、鯉がそばえとるがね」

と面白そうに言った。

私は無学な母（女学校しか出ていない）の口から「そばえる」などという古語が出たことに驚いた。そして、柳田國男が『蝸牛考《かぎゅうこう》』など方言論で述べていることが、ここでも実証されているのだと興味深く思った。

「そばえる」（終止形は「そばふ」）は「戯れる」という意味の古語である。そんな古い言葉が、古いからこそ方言として生きていた。柳田國男の方言論は、簡単に言えば、方言の多くは京《みやこ》の言葉（つまり当時の標準語）が地方に同心円状に広がったものであり、京でその言葉は滅んでも遠い地方ほど生き残っている、という論旨である。『枕草子』に出てくるような言葉が二十世紀後半の名古屋の平凡な主婦の口から発せられ、私は方言の面白さと奥深さを強く印象づけられた。

私の母は大正十四年（一九二五年）生まれ、二〇一六年に九十一歳で死去した。「そばえる」という言葉を使う最後の世代だと思う。

方言は多くの人の興味を惹きやすい。自分が使っている言葉（その地方の言葉だろうと標準語だろうと）と違うからである。しばしば、滑稽またはユーモラスな言葉、あるいは生活実感に満ちた表現として受け取られる。それはそれでまちがいではないが、あくまでも印象論であって、いわゆる「あるある話」の域を出ない。当然、その方言の成り立ち、語原ということになると、誤謬だらけである。

典型的な例に、長崎県を中心に九州北部で使われる「ばってん」（だが、しかし）がある。方言の代表格で、長崎に縁のない人にもよく知られている。その語原も多くの人がbut の変化したものと理解している。中には、but ではなく but and が正しいと説く人もいる。長崎は南蛮貿易の拠点であったから、こうした説も広まったのだろうが、完全に誤りである。南蛮貿易はポルトガル人やオランダ人を相手にしたのであり、これらの人々は英語を使わないことからも分かるだろう。

「ばってん」は古語の「〜ばとて」（そうはいっても）の変化である。

そもそも、欧米語が日本に入って外来語となる時は、原語の品詞を問わず、ごく例外的な場合を除いてほとんどが名詞化する。過去においてもそうだったし、現在でもそうである。

まず、例外的な少数から説明しておこう。

・アジる＝agitation 煽動＋る

・ジャズる＝jazz ＋る

元の言葉やその一部を語幹としてサ変（する）の語末を付けたもので、一九六〇年頃から見られる新用法である。一種の仲間言葉であり、数は多くない。これも次の複合サ変の派生形と考えていいかもしれない。

原語が動詞の場合は次の通り、まず名詞化して動詞化する。

・キャッチする＝catch ＋する

・ゲットする＝get ＋する

ともに原語では動詞なのに「名詞＋する」の複合サ変となっている。

原語が形容詞の場合は次の通り。

・ハッピーな人生＝happy ＋な＋人生

・ナイスだ＝nice ＋だ

これらは原語の形容詞が形容動詞となっている。形容動詞は「名詞＋だ（古語は「なり」）」の複合的な品詞であり、国語学者の中には単独の品詞と認めない人もある。

要するに、日本人は外国語を一旦《いったん》名詞と受け取めて外来語化するのである。

このことが分かっていると、but という外国の言葉が「しかし」という日本語の接続詞に変化することはまずありえないことが理解できるだろう。

方言論は、実は言語学者・国語学者・民俗学者が検証すべき分野なのである。

ところが、「ばってん」で見たように、まちがいだらけの素人方言論が横行している。茶飲み話なら咎めるほどでもなかろうが、麗々しく書籍として出版されているものは見過ごすわけにはいかない。前にも挙げた三遊亭円丈『名古屋人の真実』にも一章を割いて「名古屋弁大辞典」が付載されている。単なる「あるある話」で、方言についての知識はいささかも深まるわけではない。

自己顕示欲の発露としての方言論

それでも、三遊亭円丈の本は、芸人の余技にすぎない。本業のついでにやっている副業のようなもので、芸人商売としては特におかしいわけではない。ところが、著者の人間性の歪みさえ感じさせる本がある。そういう人物が方言論という分野に、ここなら自分の才能を発揮できるとばかりに登場してくる。当然、内容はめちゃくちゃである。

二〇一六年一月六日の朝日新聞投書欄に、こんな投書を見つけた。その二ヶ月前に載った投稿に対する意見であった。元の投稿は「図書館の新刊貸し出し再考を」と題されたもので、出版不況の折から、出版社や作家がせめて新刊発表から一年間は図書館で貸出しを制限するように訴えたことへの共感を述べたものであった。これに対する賛否両様の意見が一月六日に、四件掲載され、その一つがこれから論じる人物のものである。

投書者は愛知県在住の五十四歳（当時）の会社員・牛田正行とある。

投書は、こう始まる。

「過去に3冊の本を出したことのある私は、出版社や作家らの要求に賛同したい。図書館の貸し出しによって、本を買う人が減る懸念が生じ、努力が報われない気がするからだ」

続く本旨は、これを少し詳しく述べただけであり、意見としてはあるにはあってよいものではある。それよりも、私は出だしに歪んだ自己顕示欲を感じた。自分は会社員ではあるが、ただの平凡な会社員ではなく、本を三冊も出している人間であり、出版状況に対してもこんな意見表明をする立場にある、と言いたいのである。編プロ社長を出版プロデューサーと称する岩中祥史にも共通する見栄の張り方が感じられた。

もしやと思ってその著作を調べて入手すると、これが予想通りの駄本であった。予想と違ったのは戦前から続く老舗出版社、東洋経済新報社から出版されていたことである。

その本は牛田正行『知ってトクする！　名古屋の事典』（東洋経済新報社、二〇〇〇）である。著者紹介欄によれば、牛田は一九六一年、愛知県犬山市生まれ、とある。犬山市は国宝犬山城が有名な城下町で、名古屋の北二十キロほどの距離にある。元は尾張藩の家老の所領であり、現在は名古屋のベッドタウンになっていて、経済的にも文化的にも名古屋圏に入る。牛田は地元の高校を卒業後、千葉大学に進学卒業。その後二十年ほど東京で過ごし、現在は郷里に帰っているらしい。

『知ってトクする！名古屋の事典』表紙

さて、この『名古屋の事典』だが、大半は名古屋弁の項目になっている。そして、説明はでたらめの方言論ばかりである。国語学や民俗学の知識がまるでないまま、「あるある話」を寄せ集めている。全部紹介するわけにもいかないので、特にひどい項目だけ筆誅を加えておこう。●印が牛田正行の説、〇印が私によるものである。

●おく（措く）：「よす」「やめる」の意味で、年配の人が使う。
⇐
○江戸っ子の啖呵《たんか》「おきやがれ（やめやがれ）」と全く同じで、名古屋弁とは言えない。
⇐
●おもる：自分の金で食事などを振る舞う時の「おごる（奢る）」が訛った言葉。
⇐
○第一章にも引用した柳田國男『食物と心臓』には「酒もり」などと同系の語と推定している。名古屋以外でも広く使われる。
●開店祝の花：これを持って行くのは名古屋独特の習慣。
⇐
○全国に見られる。第九章に詳論した。
●さかしま：「さかさま」を訛った名古屋弁。
⇐

○「さかさま」も「さかしま」も古くから全国で使う。『新明解国語辞典』では「さかしま」を「さかさま」の雅語的表現とする。十九世紀フランスのデカダンス作家J・K・ユイスマンスに『さかしま』（渋澤龍彦訳）もある。

●たわけ：関東で「ばか」、関西で「あほ」、名古屋で「たわけ」。先祖伝来の田を分けて小さくするのは愚か者だから「田分け」とする説もある。
⇐
○「たわけ」は古事記にも出てくる。「戯《たわむ》れ」と同系の語。歴史的仮名遣いで書けば「たはけ」で「田分《わ》け」とは全く無関係。right と light が無関係なのと同じ。

●はば：仲間はずれのこと。歌舞伎の主要でない場面を「端場《はば》」と呼ぶことから転じたか。
⇐
○「はば」は「省く」の転。

一から十までこの調子で、話にならない。

牛田正行は他にも同種の本を二冊出し、今も朝日新聞の投書欄にその名を時々見る。そういう人物はどこの世界にも必ずいる。放っておけばいい、毒にも薬にもならない、という人もいるだろう。ところが、そうでもない。

二〇〇七年『なごや四百年時代検定　公式テキスト』（中日新聞社）という一冊が刊行された。この年、地方文化啓発の文化教育企画として「なごや四百年時代検定」が催され、新聞社、放送局、商工会議所、主要企業など公的機関がその実行委員会に名を連ねている。『公式テキスト』の編集委員は、博物館館長や大学教授である。

この巻末に推薦文献が百冊以上列挙してある。そこに牛田正行『知ってトクする！名古屋の事典』『名古屋まる知り新事典』が挙げられている。当然のように岩中祥史の著作も『名古屋お金学』『名古屋人と日本人』『名古屋人の商法』の三冊が挙げられている。知の権威主義とは想像以上に恐ろしいもので、本の形になっている紙束を世に出しさえすれば知識人、研究者、専門家と認められるらしい。牛田正行が新聞の投書欄で「自分は本を三冊出している」と誇示したがる理由もそこにあるようだ。

第十一章　〝文化不毛の地〟名古屋が生んだ四人の近代文学の祖

意表を衝く「文化不毛の地説」

名古屋は「文化不毛の町」だと言う人がいる。これも誰がどこで何を根拠に言い出したのかよく分からないが、やはり情報の自己増殖で、何となくそんなことが通念のようになっている。例によって岩中祥史もそれを鵜呑みにして「なるべくしてなった文化不毛の地」と迷著『中国人と名古屋人』で論じている。これまた無知に基づくものである。「文化」という言葉は多義的に使われるが、文化人類学では広く「人間の生活様式の総称」を「文化」と言う。どんな山奥の僻地だろうと住居数戸の孤島だろうと、およそ人間が生きているところに文化がないところなどない。どこにもその土地特有の文化はある。私は旅行で知らない土地に行くと、何でもないごく普通の町を歩くのを好む。必ずしも有名な名所旧跡でなくとも興味があるのだ。民俗学・考現学的好奇心からである。

要は、その文化に関心を持つかどうかなのだ。

「文化」にはもう一つの用法がある。文化会館、文化的生活、文化講演会などの「文化」は、人の心を豊かにする諸活動を言う。先に言った名所旧跡は文化財であり、美術館や図書館などは文化施設であり、文学者や芸術家などは文化人と呼ばれる。この意味での文化は政治の中心地に集中的に存在する。人も金もその地に集まって来るからである。首都である東京やかつて都であった京都にこの意味での文化が多くあるのは当然である。日本で第三の都市圏である名古屋圏が東京・京都に見劣りするのも当然であるとともに、それ相応の文化財や文化施設はあるし、文化人も生んでいる。

岩中祥史は『中国人と名古屋人』で名古屋が文化不毛の地である一つの理由として、これまで誰一人指摘しなかった意表を衝く視点を挙げる。名古屋市内に川がないからだというのだ。川がないと文化不毛になるというのだ。

もう一つ加えておきたいのは、名古屋には「川」がないということである。東京の隅田川、京都の賀茂川、大阪の淀川、福岡の那珂川、金沢の犀川、札幌の石狩川、仙台の広瀬川といったように、古来、由緒ある町、文化の香りの漂う町には、かならずといっていいほど大きな川が流れている。

ところが、名古屋の場合、西の郊外には木曽川、長良川、揖斐《いび》川という木曽三川が流れているものの、市内の中心部には川がないのだ。

そして「こういう町にはやはり、文化は生まれないのではないかというのが筆者の私見である」と断じる。

なんだかすごい話になってきた。なるほど、川が流れていれば景観は変化に富み、人の目を楽しませるであろう。しかし、その程度のことであれば、名古屋市街地を囲むように庄内川と天白《てんぱく》川が流れているし、それこそ岩中祥史が言うように名古屋郊外には木曽三川も流れている。用足しか散歩のついでに川に立ち寄るだけのことである。そもそも、市街地に川のない町など日本中にいくらでもあるではないか。

岩中祥史のこの「私見」は「地理的要件と人間の精神の関わりについて研究した」『人生地理学』という書物に想を得たものであるとして、その一節が引用してある。

美的心情に対して河がいかに影響するかは、古来詩人墨客《ぼっかく》の美情を発表するに当たりて多くは山紫水明《さんしすいめい》のほかに出でざるによりて、また言うを俟《ま》たざるべし。

人間の美意識に川がどれほど影響するかは、古来文人墨客が美を描くのに山紫水明の川の情景を選んだことからも分かる、というのだが、それはその通りだろう。だからこそ「山水画」という東洋美術の一部門もある。しかし、このことから名古屋は市街地に川がないから「文化不毛の地」であるという結論は、普通、導き出さない。事実『人生地理学』の著者である牧口常三郎も、そんなことは書いてない。この牧口常三郎は創価学会の初代会長で、『人生地理学』も現在は聖教新聞社から刊行されている。かなりの教養人でもまず読むことのないこんな本にまで目を通しているとは、岩中祥史も相当の読書家であるということになろう。他にも理由があるのかもしれないが。

近代小説の祖、坪内逍遥と二葉亭四迷

名古屋と文学とは特に結びつきがないように思える。しかし、江戸時代の文学では横井也有《やゆう》の俳文集『鶉衣《うずらごろも》』（岩波文庫）が有名である。明治以後では近代文学の祖と呼べ

坪内逍遥（日本近代文学館提供）

二葉亭四迷（日本近代文学館提供）

る人物を名古屋は四人生んでいる。純文学で二人、探偵小説で二人である。

純文学では坪内逍遥（一八五九～一九三五）と二葉亭四迷（一八六四～一九〇九）である。二人はともに尾張藩士の息子として生まれ、近代的意味での小説を確立した。今我々が普通に小説と呼んでいる文学形式を作り出したのである。そこで重要になるのは文体である。明治初期までは文語体で小説が書かれていた。樋口一葉の『たけくらべ』も文語体だったし、尾崎紅葉の『金色夜叉』も文語体だった。森鷗外も『舞姫』など初期作品は文語体であった。この文語体の桎梏《しっこく》からの解放を目指した文体が、言文一致体である。山田美妙、尾崎紅葉、二葉亭四迷などが、それぞれ工夫を凝らしたが、最終的に逍遥の助言を受けた二葉亭の言文一致体が定着して現在に至る。

言文一致体は、小説のみならず、近代散文の基礎となっている。これがなければ、科学書も経済書も電気機器の取り扱い説明書さえも文語体で書かれることになり、現在のような日本語文化は花開かなかっただろう。

言文一致体の考案者である坪内逍遥と二葉亭四迷が名古屋人であったから、こんな冗談も生まれている。二人が名古屋弁の訛りをからかわれ、それを隠すために言文一致体を考え出した、というのだ。もちろん笑い話に過ぎない。逍遥は十七歳で上京するまで名古屋で過ごしたから名古屋訛りがあった可能性があるが、二葉亭は尾張藩の江戸屋敷で生まれ幼時を東京で送ったので江戸言葉を使っていたと考えられるからだ。

坪内逍遥は父が勤める尾張藩の代官所のあった美濃国加茂郡太田村（現在の岐阜県美濃加茂市）で生まれ、十歳の時に家族とともに名古屋の笹島（現在の中村区名駅三丁目）に移った。漢学塾や英語学校に学び、貸本屋「大惣《だいそう》」（「おおそう」とも読む）で江戸期の草紙類を乱読した。

大惣は蔵書数二万冊を超える日本最大級の貸本屋である。江戸時代半ばから明治三十二年（一八九九年）まで百三十年余り続いた。江戸時代は現在とは比較にならないほど

逍遥少年時代の住居跡

本が高価で、大名や豪商などのほかは蔵書を持たず、本は貸し本で読むのが普通だった。「大惣」は大野屋惣八の通称である。大野屋は創業者の出身地知多の大野村に因み、惣八は主人が代々継いだ名前である。大惣は現在の名古屋市営地下鉄丸の内駅と伏見駅の間ぐらいのところにあった。坪内逍遥は英語学校に通う途次、大惣で滝沢馬琴などを耽読したという。

坪内逍遥は十七歳で県の選抜生として上京、開成学校（東京大学の前身）に入学。大学卒業後は東京専門学校（早稲田大学の前身）で文学の講義をしながら、シェイクスピアなどの翻訳、小説や評論の執筆をした。中でも、来日したアメリカ人美術研究家フェノロサの

『美術真説』から影響を受けた『小説神髄』は、近代文芸理論として今なお大枠としては有効である。これを書いた時、逍遥はまだ二十六歳であった。

二葉亭四迷は坪内逍遥より五歳若いが、やはり江戸時代末期の生まれである。尾張藩江戸詰め藩士の息子で、明治元年四歳の時、祖母、母とともに名古屋に移り住んだ。その後、八歳まで名古屋の学校で学び、東京に戻った。十一歳から三年間は父の勤務地である島根県松江に住むが、再び東京に戻った。十七歳で東京外国語学校（東京外国語大学の前身）露語学科に入学する。

明治十九年（一八八六年）、二十二歳の時、二十七歳の坪内逍遥と知り合う。この頃から、文芸評論や小説を執筆し、またツルゲーネフ、ゴーゴリ、ガルシンなどロシヤ文学の翻訳をするようになる。『浮雲』『平凡』が代表作であるが、『浮雲』は初め逍遥との共著の形で刊行された。二作とも青年の内心の苦悩を描き、江戸期や明治初期までの小説とは大きく異なっていた。

探偵小説の祖、江戸川乱歩と小酒井不木

探偵小説は、後に推理小説、さらにミステリーと名称を変えて、現代の出版界の人気ジャンルになっている。娯楽文学、これも今ではエンターテインメントと呼ばれるようになったが、その世界の筆頭でもある。こうした小説は大正時代に人気が出る。中心になったのは大正九年（一九二〇年）創刊の『新青年』という雑誌であった。これは版元を替えながら、戦後の昭和二十五年（一九五〇年）まで続いた。この雑誌からは何人もの有名な探偵小説家が生まれているが、探偵小説の祖とも言うべき二人の作家がここから出発した。江戸川乱歩（一八九四〜一九六五）と小酒井不木《ふぼく》（一八九〇〜一九二九）であり、この二人は名古屋人である。

江戸川乱歩は、隣県三重県の名張に生まれたが、三歳の時名古屋に移り住んだ。名張の記憶はほとんどなく、自分にとって故郷と言えるものは名古屋だと自伝でも語っている。

江戸川乱歩という筆名は探偵小説の開祖とされるエドガー・アラン・ポーをもじった

小酒井不木（日本近代文学館提供）

江戸川乱歩（立教大学提供）

ものである（本名は平井太郎）。乱歩は子供の頃から翻訳ものの冒険小説や探偵小説を愛読した。白川尋常小学校から第三高等小学校、旧制愛知五中（県立瑞陵高校の前身）に進み、十八歳で上京、早稲田大学に学ぶ。いくつかの職業を経て、二十八歳で書いた短篇『二銭銅貨』が翌年『新青年』に掲載された。その後、『パノラマ島奇談』など長篇も執筆するとともに少年誌に『怪人二十面相』シリーズを連載し、探偵小説界の大御所となった。

少年時代の江戸川乱歩は、名古屋の中で大須の町を特に好んだ。大須は、大須観音（正式名は北野山真福寺寶生院）を中心にした門前町で、庶民的な繁華街として市民に親しまれてきた。今では、オーディオや通信機器、中古ブランド品、衣類、マンガ古書など、若者向き商品の店が林立しているが、かつては、飲食店、芸者置屋、映画館、芝居小屋、射的屋などが蝟集《いしゅう》する歓楽街であった。猥雑で頽廃的な雰囲気は東京の浅草に通じるものがあり、東京に移ってからの乱歩は浅草と大須を重ねあわせて懐かしんでいる。また、乱歩の探偵小説には、理知的なトリックとともに頽廃的で猟奇的な背景が感じられるのも、こうした体験が影響しているとされる。

不木宅跡の説明板

小酒井不木は、今ではほとんど名が知られなくなったが、戦前は改造社から個人全集が出るほどの人気作家であった。不木の特長は、自身が医師であったことから、当時最新の欧米の医学知識を生かした探偵小説を書き、また研究やエッセイにもそれが反映されていることであった。

小酒井不木は、名古屋市内に生

まれたが、生後すぐ隣接する蟹江町に移った。旧制愛知一中（県立旭丘高校の前身）を卒業後、旧制三高を経て東京帝国大学医学部に進学する。血清学などを専攻し、イギリスやフランスにも留学した秀才であった。しかし、不幸なことに体が弱く、帰国後は郷里の名古屋で療養生活を送りながら『新青年』などに探偵小説やエッセイを発表した。代表作は『恋愛曲線』で、心理学の知識が応用されている。また、大須を舞台にした『大雷雨夜の殺人』という作品もある。

江戸川乱歩は大正十四年（一九二五年）名古屋の小酒井不木を初めて訪ね、深く親交を結ぶようになる。以後、草創期日本探偵小説界の両雄として、その発展に寄与することとなった。

第十二章　知られざる江戸期の尾張文化

国文法研究の源流の一人、鈴木朖

文化遺産、文化財というと、神社仏閣、歴史的街並み、古代遺跡、そして美術品や工芸品などを思い浮かべがちである。また、祭などの行事、民謡や舞踊などの伝統芸能を挙げる人も多いだろう。これらはいずれも「目に見える」文化である。誰にとっても分かりやすく関心をひきやすい。いわば万人向けの文化である。自ずと観光資源にもなり、有名にもなる。しかし、文化のうちで研究、思想といった分野は、一般人の関心をひきにくく、観光資源にもならない。わざわざその地へ出向いても、研究や思想が「目に見える」わけではないからだ。まして、文法研究だの民衆宗教だのとなれば、なおさらである。文法なんて学生時代ほとんど誰もが苦手な科目だったろうし、宗教なんて信者以外敬遠したくなる。しかし、人間の営みとして文化を考えると、この地味な文化遺産が大きな意味と広がりを持つことが分かってくるだろう。

江戸期の名古屋にこの分野で重要な人物が誕生している。文法研究では鈴木朖《あきら》（一七六四〜一八三七）である。

これは多くの読者になじみのない名前だろう。そもそも「朖」という字が珍しい。これは「朗（朗）」の左右が反対になったものだが、ほかの漢字にも時々見られる。「隣」と「鄰」がその好例である。ともに「朖」と「鄰」が本字（本来の字体）であり、「朗」と「隣」が俗字（慣用的な字体）である。字のことはともかくとして、鈴木朖に関する伝記や解説書は一般読者向けのものは一冊も出ていないし、著作は江戸期の木版刷りのものか、その影印本《えいいんぼん》（写真複製本）しかない。鈴木朖が一般の読者に知られていないのも無理はない。しかし、国語学や言語学の研究者にはその重要な業績が知られている。

鈴木朖（鈴木朖顕彰会刊『鈴木朖』より）

日本語の文法研究は江戸時代に入って始まった。日本固有の文学である『万葉集』や

『古事記』や『源氏物語』への注目が、同時に国文法（日本語文法）研究を触発した。『万葉集』や『源氏物語』を支那起原の朱子学で解釈できないのと同様、日本語の文法も古典支那語である漢文や漢字の知識では解釈できないという意識が出てきたのである。こうした思想潮流が国学であり、契沖《けいちゅう》、賀茂真淵、本居宣長は国学者として教科書にもよく取り上げられる。

鈴木朖は国学者であり儒学者でもあり、特に文法研究においては『活語断続譜』『言語四種論』などで独創的な見解を世に問うている。その特徴は、簡単に言えば、漢文にはない日本語特有の語尾活用と、それに重要な役割を果たす助詞・助動詞への着目であった。

鈴木朖の著作は、明治以後近代的国文法確立が企図される中で江戸期の先駆的業績として評価されるようになった。特に国語学者時枝誠記《ときえだもとき》（一九〇〇〜一九六七）の言及が大きい。

時枝誠記は、語を「詞」と「辞」に区分する。詞は実体的に指示するものがある語であり、名詞、動詞、形容詞などである。辞は言語主体のありようを表示する語であり、接続詞や感動詞を除けば、ほとんどが助詞、助動詞である。この辞が詞を包み込むよう

『言語四種論』

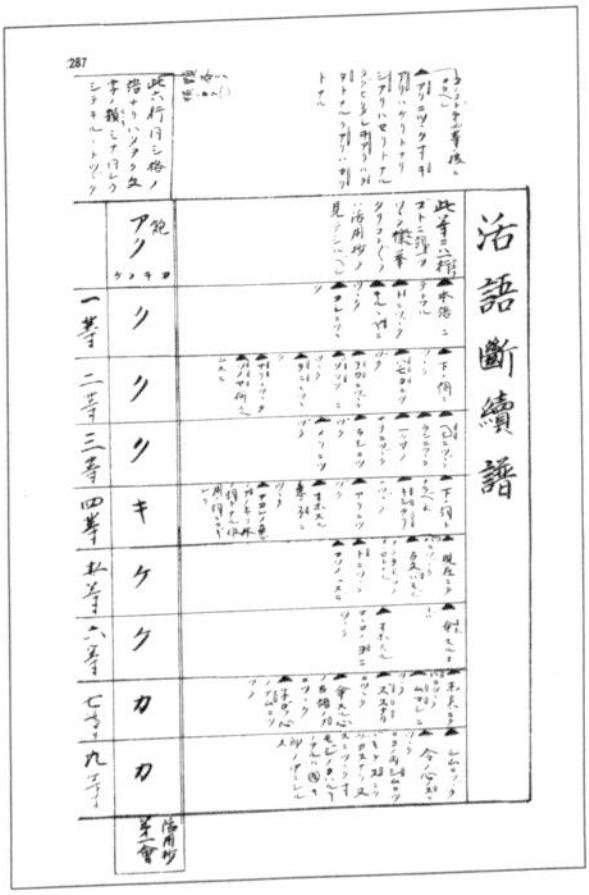

『活語断続譜』

にして、すなわち指示対象を言語主体が包み込むようにして、言葉は成立しているとする。これが大雑把に見た時枝国語学の基本であるが、鈴木朖の系統にあることが分かるだろう。

さらに、勘の良い読者は、戦後最大の思想家だとされる（私はそうは思わないが）吉本隆明（一九二四～二〇一二）が『言語にとって美とはなにか』で述べた「指示表出」「自己表出」に同じ構図が見えることにも気づくだろう。また、吉本に先行する在野の哲学者三浦つとむ（一九一一～一九八九）が『日本語はどういう言語か』や『認識と言語の理論』で鈴木朖や時枝誠記を踏まえて自説を展開していたことに思い至る読者がいるかもしれない。

ところで、三浦つとむにしろ吉本隆明にしろ、一九五〇年代から一九七〇年代にかけて、共産党とは一線を画す新左翼系の論者として読者を獲得していた。そうした左翼思想家が、貧困問題や国際情勢論ならともかく、なぜ日本語論、言語学に重大な関心を示したのだろうか。

これには実は共産主義の中核的イデオロギーの問題が関係している。すなわち、言語は客観的なのか、それとも発話者の諸条件に拘束されるのか、という問題である。このあたりのいきさつは、言語学者・田中克彦の『「スターリン言語学」精読』に詳しいが、全共闘世代に多い吉本隆明信者たちにはほとんど知られていない。この人たちがいかに無知であるかがよく分かる。

言語が客観的であるかないかが、なぜ共産主義にとって中核的イデオロギーの問題になるのか。それはソ連の民族政策に関係してくるからである。ソ連は多民族国家である。さまざまな民族がそれぞれの言語を使用している。これを民族の独自性を認めるという観点から許容推進するとなると、民族を超えた普遍的存在である（と共産主義では考える）プロレタリアートの人類史的使命と齟齬を来すことになる。要するに、ナショナリズムかインターナショナリズムかという問題がからんでくるのだ。この矛盾を克服するには、「言語の本質を規定しなければならない。かくして、革命とは一見無縁な「言語とは何か」という考察が重要なイデオロギー問題となった。共産党とは一線を画す左翼思想家たちがこれを真摯に受けとめ、言語主体のありようを表す「辞」、すなわち助詞、助動詞の重要性に注目したことには、以上のような思想的背景があったのである。

ここに、鈴木朖―時枝誠記―三浦つとむ―吉本隆明、という系譜が見えてくる。これはもちろん、江戸期の鈴木朖はもとより、政治的に無色であった時枝誠記も意図したものではない。そうでありながら、実は壮大な思想的・政治的な広がりを持つ連環の露頭にもなっていたのである。

天理教より早い「如来教」

江戸期後半から明治期にかけて多くの民衆宗教が出現したことは広く知られている。中で最も早いものとして有名なのが、天理教である。これは、一八三八年（天保九年）に奈良で中山みきによって立教された。次いで、一八五九年（安政六年）には岡山で金光教が、一八九二年（明治二十五年）には京都で大本教が、それぞれ立教している。

これらの宗教の教祖は、特に学識ある高僧などではなく、その時代の軋《きし》みを実感しやすい女性や庶民であり、その教義も因習に批判的な内容を持っていた。歴史の変動期には人々の社会観・人間観にも大きな変動が生じるのであり、それに対応した宗教が出現するのであろう。そういう意味で、これらの宗教は、歴史学者や社会学者たちの関心をひくことになる。

しかし、天理教より三十六年も早い一八〇二年（享和二年）に名古屋の熱田で立教した如来教は、実に一九七〇年代までほとんど知られざる民衆宗教であった。それは「御《お》経様《きょうさま》」と呼ばれる経典が長く教外に非公開であったためである。しかし、一九七一年、金沢にある同教の別派の写本が公開され、研究者の注目を集めるようになった。一九七七年には宗教学者・村上重良の校注による『お経様』が平凡社東洋文庫に入り、一般の人々の関心にも応えることができるようになった。二〇〇一年には、近世史研究家・浅野美和子が藤原書店から網羅的な研究書『女教祖の誕生』を出版している。両書をもとに如来教を紹介してみよう。

如来教は喜之（立教前は平仮名で「きの」）を教祖とする。百姓の娘であったため姓は

青大悲寺

ないが、後に一尊如来喜之と媹姾《りゅうぜん》如来喜之と呼ばれるようになる。

喜之は一七五六年（宝暦六年）、熱田神宮のすぐ北西、旗屋に百姓長四郎の娘として生まれる。幼時に両親兄弟を亡くし、親類の家に預けられた。数え十三歳で結婚するが、当時としても早いほうであった。その夫はまもなく失踪する。後、奉公したり再婚したりするが、その夫とは死別。四十歳過ぎて法華行者と知り合い同居するようになる。そして、数え四十七歳の時、金比羅神が降る。

喜之のここまでの半生は辛苦の連続であった。日本全体も徳川幕藩体制に綻《ほころ》びが現れるようになった。おかげ参りが流行したり、大飢饉に際し各地で打ち壊しが起きたりした。

立教後の喜之は、病気治しと説教で民衆の心をつかみ、信徒数は増えていった。信徒は初め下層の百姓や商人が多かったが、やがて金比羅講が結成され求心力が強まるとともに武士層にまで広がった。これを危険視した尾張藩に喜之は取り調べを受け、講も弾圧されることになった。

喜之の教えは、法華経やキリスト教に近いメシア思想であるが、家の重圧を批判したり女人の擁護をしたところが当時としては独創的であり、これも危険視される理由であったと思われる。百姓出身で特段の教育も受けなかった一女性が、時代に拮抗しうる思想を独自に生み出したことに、現在、フェミニズムや社会史の観点から関心が高まっている。また「御経様」は江戸期の名古屋弁で説かれており、方言研究の上でも貴重な文献資料となっている。

如来教自体はその後も存続し、熱田区旗屋の青大悲寺《せいだいひじ》が本山となっている（前ページ参照）。

第十三章　アジアへの広がり

名古屋に移り住んだ明人、張振甫

名古屋は市街の南側が伊勢湾に面しているけれど、長崎や神戸のような近代以前から外国に向けて開かれた港町ではない。熱田湊《みなと》の「宮の渡し（七里の渡し）」は、東海道の宿場であり、内航海運の渡船場にすぎない。伊勢湾の海岸は概して水深が浅く、海外との海運が可能な港は明治末の名古屋港築港まで待たなければならなかった。しかし、明治以前も以後も、名古屋は意外にアジアへの広がりを見せる。

閑静な住宅地が広がる千種区の緩やかな丘陵地に「振甫町《しんぽちょう》」という珍しい名前の町がある。慣れない人にはこの町名はまず読めないし、その意味や由来もさらに分からない。これは明人《みん》「張振甫」の名に因んでいる。

張振甫は明朝末、戦乱を逃れて日本に渡ってきた。現代風に言えば亡命者ということになろうか。一説には明の王室の血を引くとも言われるが、このあたりのことははっきりしない。

張振甫は、一六二一年（元和七年）に長崎に来た。明滅亡の二十三年前のことである。その後、京都で公家などを相手に医者をしていた。本来は医者ではなかったはずだが、漢方医療の本場ならではの高度な知識があったのだろう。また同じ境遇の明朝遺臣で医術の心得のある者から医術を学んだのかもしれない。やがて尾張徳川家の初代義直（家康の第九子）の招聘《しょうへい》に応え、名古屋に移り住むことになった。しかし、藩主や上級武士を治療するだけではなく、町医者としても広く庶民に医療を施した。尾張藩からは薬草園を兼ねた土地屋敷を与えられ、それが現在の振甫町となった。

張振甫の子孫も代々医師となって現在に続いている。当代は張ではなく、振甫姓を名乗っている。

張振甫の残したものは医療だけではない。円空の奔放雄渾《ゆうこん》な一群の木彫を制作指導している。鉈薬師《なたやくし》の十二神将像である。これは西尾幹二『国民の歴史』などでも紹介され、近時注目を新たにしている。

鉈薬師は、張振甫の住まいのすぐ近くに作られた小さな医王堂（薬師堂）の通称であ

鉈薬師堂

る。張振甫が明朝の遺臣の菩提を弔うために作ったものだが、本尊の薬師如来以外、そこに安置されている十二神将などの仏像はすべて円空の手に成るという。

円空の仏像というと、一刀彫りの粗削りな素朴さの中に優しく微笑む仏像を思い浮かべがちであるが、鉈薬師の十二神将像はそうした円空仏とはまるで違う。異様なまでにデフォルメされた十二支の動物たちが、強烈な霊力を放っているようだ。時代を超えて現代彫刻の傑作を見ているような気にさせられる。

この薬師堂は毎月二十一日にのみ開扉されるが、最近は評価が高まったため、大勢の拝観者で混雑するようになった。

日本唯一の「仏舎利」を祀る覚王山

鉈薬師の東南に覚王山日泰寺がある。山号の「覚王」とは覚りの王という意味で、釈迦の尊称の一つである。この寺には日本で唯一の「真正の仏舎利」が祀られている。

仏舎利とは釈迦の遺骨のことだが、世に言う仏舎利のほとんどがあくまでも信仰上のものである。世界中の仏舎利と称されるものを全部集めると数十人分の人骨になるとか、どう見ても水晶製の玉としか思えない透明で丸い仏舎利とか、とても歴史学の批判に耐えうるものではない。その中で、覚王山の仏舎利は、十九世紀末、インド北部のピプラーワーの仏教遺跡から発見されたもので、舎利容器に記された文字を読む限り真正の仏舎利であると言われているが、それ以上の確証があるわけではない。仏舎利として崇敬されてきたものの中では最古級といったところだろうか。

ともあれ、ピプラーワーの仏舎利は仏教界にとって極めて貴重なものとなった。これは当初シャム（現在のタイ）王室に寄贈され、いくつかの国に分骨されることになった。日本も仏教国ということで分骨されることになり国内各地で誘致運動が起きたが、最終

覚王山日泰寺

日泰寺舎利殿

的に名古屋に決まり、覚王山が新たに開山された。一九〇四年（明治三十七年）のことである。

寺名は初め「日暹寺《にっせんじ》」といった。「暹」は「暹羅《シャム》（シャムロ）」の略。日本とシャムの友誼を意味する。一九四一年、国名がシャムからタイと変わったことを受け「日泰寺」と改められた。歴史的ないきさつから日泰寺はどの仏教宗派にも属さず、各宗派が輪番で運営している。境内にはタイのラーマ五世の像が立っている。

東亜同文書院とその後身

かつて支那の上海に、東亜同文書院という日本の学校があった。一九〇一年から一九四五年までのことであるが、一九二一年に専門学校になり、一九三九年からは大学になった。卒業生は約五千人。優秀な青年が多く、一九八〇年代までは経済界などに同文書院卒という人がよくいた。一種の国策学校であったが、その実像は国策の一言で片づけられるようなものではない。

東亜同文書院はその始まりにおいても、その後身に関しても、名古屋・愛知と深いつながりがある。

東亜同文書院は、一八九〇年（明治二十三年）に荒尾精《あらおせい》（一八五九〜一八九六）が上海に設立した「日清貿易研究所」という名の学校を前身とする。荒尾は尾張藩士の息子で、名古屋郊外に生まれた。上京して東京外国語学校に入学したが中退し、陸軍士官学校に入って軍人となった。一八八六年、参謀本部から清国に派遣され、上海を拠点に支那各地の調査を行なった。日清戦争（一八九四〜一八九五）を挟む時代に日清貿易研究所と東亜同文書院が作られたわけである。

荒尾精

当時の時代状況は現代人には理解されにくい。

日清戦争の評価についても、これを日本の支那侵略の始まりと位置づける人がいるが、ことはそのように単純ではない。日本は開国後まだ三十年足らずの新興小国家であり、清は衰退期にあったとはいえ二百五十年の歴史を持つ超大国であった。清国は日本に対して威嚇的行動を繰り返す一方、西洋列強諸国に蚕食《さんしょく》されつつあった。こうした国際情勢の中、日本の経済力を伸長し、また支那を含むアジア諸民族と協力してともに西洋列強の侵略に対抗しようという潮流があった。これが「アジア主義」と呼ばれるもので、現実には軍国主義の補完物になった面が強かったが、半面ではアジアの独立振興を目指す理想主義でもあった。とりわけ明治期においては後者の要素が強かった。

こうした時代背景の中、東亜同文書院は誕生する。

東亜同文書院は、学費が免除されていることもあり、貧しいけれど理想に燃える優秀な青年たちが全国から集まった。しばしば誤解されているが、同文書院では軍国主義や植民地主義に基づく教育が行なわれたわけではない。日清貿易研究所という前身名からも推測できるように、商業学校、ビジネススクールという性格が強く、授業も、商品学、通商史、さらに簿記など、商学系の科目が多かった。校舎も上海にありながら租界（邦人居留地）の外にあり、日本の治外法権に守られていなかった。しかし、それでも支那人の民族感情による反発は間違いなくあり、日本の敗戦によって学生たちはその苛烈な現実に直面することになる。敗戦時に同文書院の学生であった作家の大城立裕は「小説東亜同文書院」と副題された『朝、上海に立ちつくす』で、理想が裏切られた青年たちの屈辱感を描いている。

東亜同文書院は日本の敗戦によって解体したが、国内に引き揚げてきた教職員たちによって、愛知県三河地方の中心都市豊橋市に新たに愛知大学が設立された。愛知大学には東亜同文書院大学記念センターがあり、同文書院が蓄積してきた資料も保存されている。愛知大学では支那語教育に力を入れ、支那人留学生の受け入れにも積極的である。本部校舎は豊橋市にあるが、新名古屋キャンパスも開校し、愛知県を代表する私立大学の一つとなっている。

時代に翻弄された汪兆銘

東亜同文書院が歴史の流れに翻弄されたように、支那近代化の奔流に巻き込まれた末に、名古屋と関わりを持つこととなったのが汪兆銘《おうちょうめい》である。

汪兆銘（字名《あざな》は精衛《せいえい》）は、一八八三年生まれ、支那広東省の人。青年期に日本の法政大学に留学した。留学中、孫文らの中国革命同盟会に加わる。国民党左派の中心人物として孫文を助け、孫文没後は国民政府主席となったが、蒋介石と対立した。その後も、

汪兆銘

国民党、共産党、日本軍が入り組む複雑な政情に翻弄された。一九四〇年、日本の後押しで成立した南京政権の主席となったが、戦局が日本に不利になるのにともない、南京を後にして来日し、一九四四年、名古屋帝国大学病院で失意のうちに病没した。

　汪兆銘は、戦後、支那では大陸でも台湾でも「漢奸（漢民族への裏切り者）」として断罪され、事跡の客観的研究さえ許されていない。しかし、汪兆銘は私利私欲で日本に迎合したわけではない。侵略の被害を最小限にとどめるべく現実的選択をしようとした熱意は否定できない。

　時代に翻弄され異国に没した汪兆銘の遺体は解剖に付され、その脳は名古屋大学病院に保存されている。

第十四章　大和政権の後背地として

西日本文化と東日本文化の接点

最後に、尾張の地が日本の歴史においてどのような役割を担ったかを見てみよう。

名古屋は中京とも呼ばれ、この周辺一帯を中京地方と呼ぶ。西京（京都）と東京（江戸）の中間にあるからで、関西文化と関東文化の合流地になっている。また、名古屋を核とする愛知・岐阜・三重の三県を東海三県とか東海地方と言う。京都から江戸へ伸びる東の海沿いの道、東海道が始まる地方だからである。この三県は経済的にも行政上も密接なつながりがあり、生活圏も重なって住民の通勤通学が県境を越えることも珍しくない。

しかし、文化的に見ると、この愛知・岐阜・三重の三県の間に、東西文化圏の境界線が観察できる。大雑把に言うと、岐阜・三重は関西文化である。それは言語に典型的に現れている。断定の助動詞は、愛知では「〜だ」が使われ、岐阜・三重では「〜や」が使われる。「だ言語圏」と「や言語圏」が東海三県の間で境界を接しているのである。愛知県と岐阜県の県境付近にある某寺の境内に「や・だの木」という木があって、その木の西と東で「や言語圏」と「だ言語圏」が分かれるという話を聞いたことがあるが、まず笑い話の類いだろう。

それはともかく、東海三県の間の境界は、木曽川・長良川・揖斐川の木曽三川（濃尾三川）によって形作られている。この三川は水系が近く、特に下流付近では数十キロほども流域が重なっている。現在では鉄道や幹線道路が発達して容易に横断が可能だが、かつては木曽三川は広大かつ長大な水の障壁となっていたのである。奈良時代までは、尾張より東は大和政権から見れば広義の蝦夷地であった。

しかし、尾張は大和政権存立にその後背地として重要な役割を果たしている。特に六世紀前半の大和政権は肥沃な濃尾平野の生産力を背景にしてこそ成立したと考えられている。

濃尾平野は、広さでは関東平野に次ぐものの、緩やかに広がる地勢と豊かな地味で農業に最適の地であった。これは地名にも現れている。

愛知県に接する岐阜県南部は旧国名を「美濃」と言うが、これは本来「御野《みの》」であったと思われる。「御」は敬称、「野」は伊勢湾に向かって南方に広がる豊かな平野である。これを望み見た地名であろう。

愛知県西部は旧国名が「尾張《をはり》」である。これも本来は「小治《をはり》」であったようだ。「小」は親愛を表す接頭辞、「治」は開墾（はる＝掘る）して治めるという意味である。名古屋周辺にはこの「治」と同系音を持つ地名も散在している。「春田（治田）」「八田（治田）」「堀田（治田）」「平針（平治）」「熊張（隈治か）」などだ。いずれも開墾に因む地名である。

さて、六世紀初めの大和政権である。この時期に皇統の連続について重大な危機が起きていた。多くの歴史学者は、第二十五代天皇武烈帝と第二十六代天皇継体帝の間で皇統が断絶するか、それに近い危機があって「継体王朝」が新たに成立したと考えている。『日本書紀』の記述によれば、武烈天皇はその名の通り凶暴で猛々しい天皇であった。というより、天皇名は崩御後に付けられるものだから、凶暴で猛々しい天皇であったとして、そのような天皇名になったのである。

では、武烈天皇はどのように凶暴で猛々しかったのか。「孕《はら》める婦《をみな》の腹をさきてその胎《このかた》を観《み》そなはす（妊婦の腹を裂いて胎児の様子を見た）」。また「人の指甲《なまつめ》をぬきて、いもを掘らしむ（家僕の生爪を剝いで山芋を掘らせた）」。あるいは「人をして樹に昇らしめて、弓を以て射堕としてわらふ（家僕を樹に登らせて、弓で射落として笑う）」。さらには「女《をみな》を裸形《ひたはだ》にして平板《ひらいた》の上に坐《す》ゑて、馬を牽《ひ》きて前にいたして遊牝《つるび》せしむ（侍女を裸にして板の上に置き、馬を連れてその前に来させて交尾させた）」。尋常の猛々しさではない。

その不徳暴虐の報いと言うべきか、武烈天皇には世継ぎの子供ができなかった。

皇統断絶の危機に瀕したまま武烈天皇は崩御し、皇位継承者はなかなか見つからなかった。そこで武烈天皇から五世遡《さかのぼ》った応神天皇の子孫で遠く敦賀《つるが》の地に住む者を見つけてきて、第二十六代の継体天皇とした。五世遡るということは、武烈天皇の曽祖父のさらに祖父が応神天皇ということであり、そのはるか子孫が継体天皇ということになる。常識外れの遠縁であり、歴史学者たちが、皇統が断絶して新しく「継体王朝」が成立したと見るのも無理はない。これらの学者たちは、武烈天皇の『日本書紀』前引の暴悪の振る舞いを、新王朝が前王朝に代わるのも当然であるとするための創作であるとしている。これもまた納得できる解釈であるし、新天皇の継体という名にも「皇統の本体の継承者」という意味が読み取れる。

断夫山古墳（名古屋市教育委員会提供）

ともあれ、継体天皇の即位によって皇統はつながることになった。しかし、即位したものの継体天皇は二十年間も大和に入ることができなかった。大和には継体天皇即位を認めない勢力が強かったためと考えられる。皇統断絶の危機の背後には豪族など有力者をも巻き込んだ権力闘争の存在が想像できる。

即位二十年にして継体天皇が大和に入り、名実ともに天皇の位に着くことができたのには尾張勢力の後ろ楯があった。継体天皇の后《きさき》は尾張連《おわりのむらじ》の目子媛《めのこひめ》である。この姻戚関係が継体天皇を大きく力づけた。尾張連は豊かな経済力を持っていたからである。

熱田神宮の北西に断夫山《だんぷさん》古墳がある。中

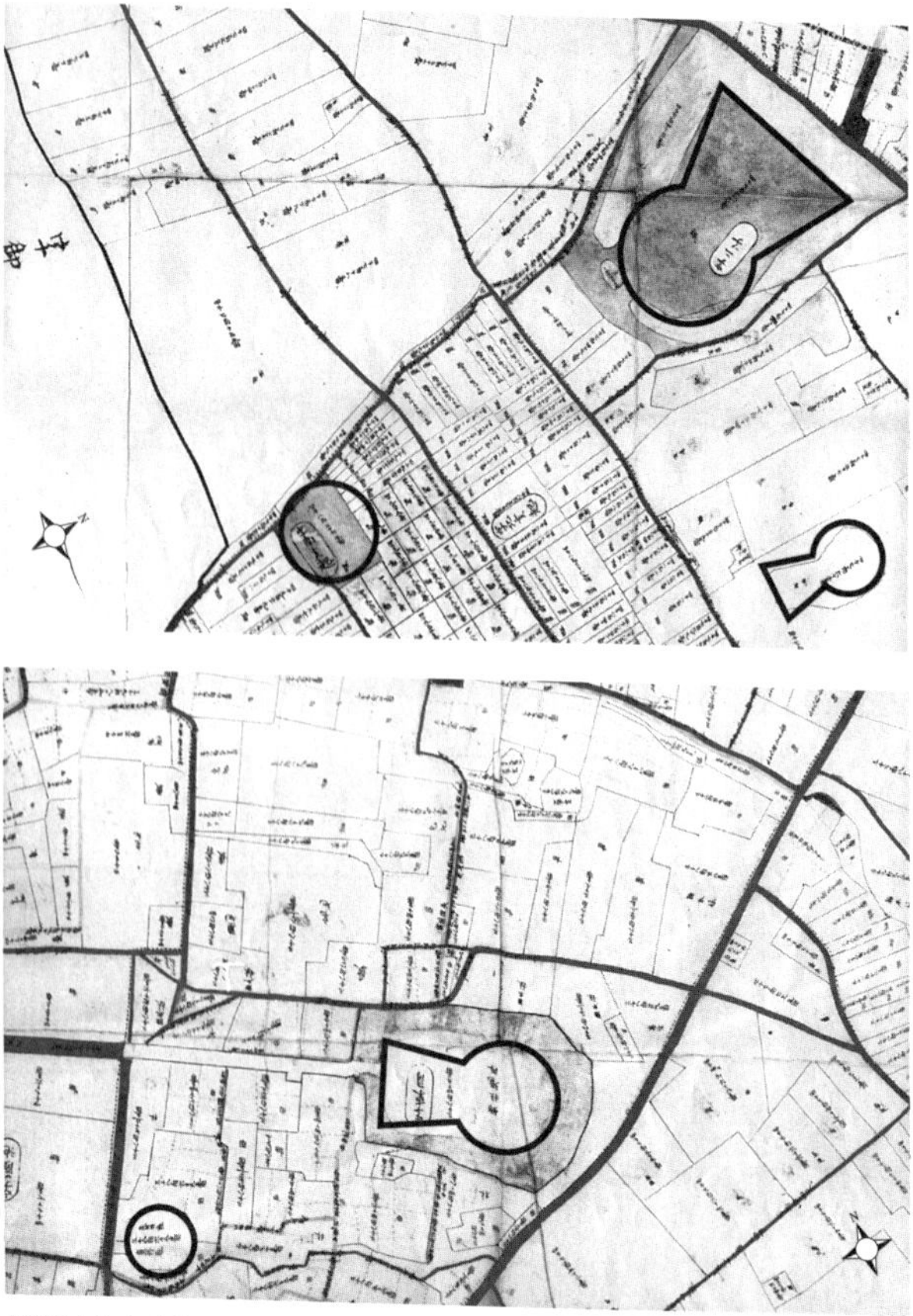

愛知県公文書館蔵地籍図 0126-02（上）、0126-5より。
黒枠で囲み示したのが、現・春日井市二子町に残る古墳。

部地方最大の前方後円墳で、全長が百五十メートルある。六世紀初めの築造と見られ、尾張連の首長クラスの者の墳墓だと考えられている。すぐ南には白鳥《しろとり》古墳があり、日本武尊《やまとたけるのみこと》の御陵だという伝説がある。考古学者は、これも尾張連の一族の墳墓だと考え、日本武尊伝説が付随するところに大和政権とのつながりを読み取っている。その他、春日井市の二子山古墳など六世紀初頭の古墳が点在し、往時の豪族の勢力をうかがうことができる。

あとがき

本書の元版は二〇一二年に名古屋の出版社、樹林舎から刊行された（旧書名は『真実の「名古屋論」』と括弧がついていた）。それまで朝日新聞、中日新聞、名古屋タイムズなどに寄稿した小論をベースに、大幅に加筆したものであった。元版は幸いに好評で何回か版を重ねたが、販売域を拡大し多くの読者に読んでもらいたく思って改訂版として刊行することにした。元版の誤記や不備を修正加筆したほか、第十章を新たに書き下ろしてある。

本書執筆の当初の意図は、まえがきでも触れたようにあまりにもひどい名古屋論が何種類も刊行されており、それが知の頽廃状況の一端であると感じられたからである。岩中祥史『中国人と名古屋人』などその典型例というべきだろう。

ところが、本書元版刊行後も岩中祥史の〝活躍ぶり〟は終息することはなく、むしろその〝権威〟は固まりつつあるようだ。

元版刊行の半年ほど後に、朝日新聞は同紙の顔とも言うべき「天声人語」に岩中祥史の『名古屋学』を取り上げた（二〇一二年十二月七日付け）。朝日のライバルの産経新聞も負けてはいない。その翌年には、「子供たちに伝えたい日本人の近現代史」という連載企画の第十六回で岩中の『鹿児島学』を論旨の権威づけのつもりで参照引用している（二〇一三年七月二十二日付け）。執筆者は同紙論説委員の皿木喜久である。保革両紙が岩中の県民性学に信服しているらしい。

当の愛知県では、二〇一三年、県下犬山市の市会議員会派の力添えで岩中祥史の講演会が実現できた、という。斡旋した議員は、自分の強力なコネがあったからこそ多忙な岩中先生に御来駕いただけたと、手柄顔であった。岩中の講演の演題は「県民性は『教育の母』」であった。誰がどんな顔でこの講演を拝聴していたのだろう。

週刊誌などのマスコミもまた名古屋をからかう異様な記事を載せる。その理由を先に言っておけば、からかいやすいからの一言に尽きるだろう。本書第八章でも書いたように、東京の○○区や大阪の○○区をからかったら大問題になる。からかうどころか通常のドキュメント記事を載せる場合でさえ、表現に気を使う。しかし、全国三大都市圏の一つである名古屋は、せいぜい苦情や抗議の声が来る程度である。

二〇一六年八月、『週刊ポスト』は「名古屋ぎらい」を特集し、これを翌号、翌々号と続けた。夏休み合併号向きのヒマネタ（緊急性のないテーマ）企画ではあるが、まことにくだらない記事であった。中で唯一まともであったのが本書第四章でも言及した建築史家の井上章一のコメントだった。

井上章一はその前年二〇一五年に『京都ぎらい』（朝日新書）というベストセラーを出しており、これをヒントに「名古屋ぎらい」は企画されたものらしい。井上の『京都ぎらい』は、歴史や文化を考察した上で書かれたエッセイであり、単なる印象論ではない。しかし、『週刊ポスト』の企画は「あるある話」に終始している。そのうち井上のコメントだけが洞察力のある見識を感じさせるものとなっていた。

井上章一は言う。「名古屋ぎらいには根拠がない」「明治・大正期に名古屋は〝美人の産地〞として有名でした。東京新橋の花街では尾張言葉が共通語」「競い合って名古屋嬢をリクルートした」

また、名古屋ぎらいが横行している理由については、こう述べる。

「人間は他者を見下して偉ぶりたいというドス黒い気持ちがあります」「名古屋を標的にしてからかっても差別問題には発展しない」

私の認識と共通するものがある。

記事の背景には、その六月に行なわれた「都市の魅力」アンケート調査の発表があるものと思われる。この調査は名古屋市観光文化交流局が行なったものだが、東京、大阪を含む八都市の魅力をリサーチ会社に依頼して調べた。その結果、名古屋が最下位だったのである。

こういう調査自体、役所がやりそうな無意味かつ愚劣な企画である。要するに、役人が自分たちの存在意義をアピールするためにやる税金の無駄使い、ということだ。

そもそも名古屋は明治以来、物作りの産業都市であり、観光都市ではない。多くの人が都市の魅力と言う時、それは「観光としての魅力」を意味する。就業率や居住性・利便性では考えない。

岐阜県白川郷は伝統的な合掌造りの家が六十棟も保存され、世界遺産にも登録されている。この合掌造りの家は、博物館のように「死物」として保存されているのではなく、現にそこで住民が生活しているところに価値がある。しかし、このことは住民の強い見識と責任感に支えられていることを意味している。当然ながら、江戸時代末期に建てられた合掌造りは現代的な利便性からは程遠いが、それぞれの居住者が工夫しながら伝統文化を継承しようとしているのである。観光客はこの白川郷を見物し「楽しむ」ために来るのであって、ここに住みたいと思う人は多くはないだろう。

この例でも分かるように、都市の魅力なるものは単純一様ではない。

人口動態調査によると、日本では全国的な人口減少が進む一方、いくつかの都市では人口が増加している。他県から流入しているからである。首都圏、名古屋を中心とする中京圏、関西圏にその傾向が顕著である。当然そこには仕事があるからだ。といっても、十九世紀アメリカのゴールドラッシュではあるまいし、仕事はあっても住環境、衛生環境、教育環境は劣悪というわけではない。人口が増加している地域はどこもそうした環境は充実している。そうであれば、産業都市として名古屋市・愛知県が繁栄し人口流入も続く以上、観光都市としての魅力に欠けようと欠けまいと何の問題もない。役人は自分の所属する「観光文化交流局」の存在意義を強調しようと、無意味な仕事をしたのである。そもそも、このテーマがリサーチ会社に発注するようなものであったろうか。民俗学者や社会学者数人に話を聞いた方が確実に真相が分かるし、費用も百分の一ですむのである。

とはいえ、観光政策・文化政策に力を入れることが悪いわけではむろんない。産業都市の意義や魅力を理解できるような啓発企画や事業は推進すべきだろう。郷土史の教育を充実させ、資料・史跡の保存に予算も割くべきだろう。そして、岩中祥史の講演会を開くような愚行は決してすべきではない。そのためには、担当部署の人々の見識が必要となるのである。

トンデモ名古屋論の背景には日本を覆う知的文化継承の暗闇が感じられる。

撮影

山崎のりあき
平山訓生
下郷和郎（芳賀ライブラリー）

呉智英（くれ・ともふさ）

評論家。昭和21年（1946年）、名古屋市生まれ。早稲田大学法学部卒業。評論の対象は、社会、文化、言葉、マンガなど。日本マンガ学会発足時から十四年間理事を務めた（そのうち会長を四期）。東京理科大学、愛知県立大学などで非常勤講師を務めた。著作に『危険な思想家』『現代マンガの全体像』『現代人の論語』『吉本隆明という共同幻想』『つぎはぎ仏教入門』ほか。名古屋市在住。

ベスト新書 567

真実《しんじつ》の名古屋《なごや》論《ろん》
トンデモ名古屋《なごや》論《ろん》を撃《う》つ

二〇一七年一一月二〇日 初版第一刷発行

著者◎呉智英《くれともふさ》

発行者◎栗原武夫
発行所◎KKベストセラーズ
東京都豊島区南大塚二丁目二九番七号 〒170-8457
電話 03-5976-9121（代表）

装幀フォーマット◎坂川事務所
印刷所◎錦明印刷株式会社
製本所◎ナショナル製本協同組合
DTP◎株式会社オノ・エーワン

ISBN978-4-584-12567-0 C0295